A HISTORY
of
WESTERN
PHILOSOPHY

———

韦布西方哲学简史

〔英〕克莱蒙特·韦布（Clement Webb）
著
———
高 原
译

北京大学出版社
PEKING UNIVERSITY PRESS

图书在版编目（CIP）数据

韦布西方哲学简史 /（英）克莱蒙特·韦布（Clement Webb）著；高原译. —北京：北京大学出版社，2017.10
ISBN 978-7-301-28770-5

Ⅰ.①韦… Ⅱ.①克… ②高… Ⅲ.①西方哲学—哲学史 Ⅳ.① B5

中国版本图书馆 CIP 数据核字（2017）第 226772 号

书　　　名	韦布西方哲学简史 WEIBU XIFANG ZHEXUE JIANSHI
著作责任者	〔英〕克莱蒙特·韦布 著　高　原 译
责任编辑	吴　敏
标准书号	ISBN 978-7-301-28770-5
出版发行	北京大学出版社
地　　　址	北京市海淀区成府路 205 号　100871
网　　　址	http://www.pup.cn　新浪微博：@北京大学出版社
微信公众号	博雅好书（微信号：boyabook）
电子信箱	sofabook@163.com
电　　　话	邮购部 62752015　发行部 62750672　编辑部 62757065
印刷者	北京中科印刷有限公司
经销者	新华书店 880 毫米×1230 毫米　A5　6.875 印张　110 千字 2017 年 10 月第 1 版　2017 年 10 月第 1 次印刷
定　　　价	49.00 元

未经许可，不得以任何方式复制或抄袭本书之部分或全部内容。
版权所有，侵权必究
举报电话：010-62752024　电子信箱：fd@pup.pku.edu.cn
图书如有印装质量问题，请与出版部联系，电话：010-62756370

目　录

第一章　哲学与哲学史 / 1

第二章　从泰勒斯到柏拉图 / 7

第三章　亚里士多德·伊壁鸠鲁学派·斯多亚学派 / 35

第四章　基督教的到来 / 61

第五章　中世纪哲学 / 91

第六章　文艺复兴时代 / 105

第七章　从笛卡尔开始 / 119

第八章　英国三剑客 / 143

第九章　康德和同时代哲学家 / 159

第十章　康德之后 / 183

第一章　哲学与哲学史

> 称他们为"智慧者"我想未免过誉一点，这个名称只有神才当得起。但是称他们为"爱智者"或哲学家，倒和他们很相称，而且也比较好听。

柏拉图《斐德罗篇》中，苏格拉底如此形容人类的真导师，他们也许是诗人、立法者，或者是像苏格拉底这样的论辩家。他们知道自己在谈论什么，能够将真正好的事物区别于看似好的事物，直取真实之物，摒弃貌似真实的诱人之物。因此，有着漫长历史的"哲学"一词，它的定义一度很宽泛，如今却越来越窄。不过自始至终，它不是对特殊事实的追问，而是对我们所身处的世界基本特征，还有使我们活在这个世界的那种生活方式的追问。

有时，我们会将哲学划分为自然哲学和道德哲学，自然哲学研究世界本身，道德哲学研究人世间的生活。在一百年前的英语著作中，哲学家一词更多指的是"自然哲学家"，那时的"哲学"相当于今天的"自然科学"。这也许因当时盛行这样一种观点：除了超自然的天启之外，自然科学中使用的归纳法以及数学方法是发现世界本质的唯一方法。用培根的话来说，人类的主要任务便是成为大自然的臣属和解释者，由此上述方法弄清楚大自然的运行方式。

另一方面，口头语中的"哲学家"一词往往指那些不被环境所左右的人，因为他了解自己所身处的世界，因此对于万物变化，对于自己的境遇，他从不大惊小怪。不过，这里强调的是他的从容，而非那份从容背后的知识。

现在，一般不把"自然哲学"等同于"自然科学"。我们不会将天文学家、物理学家、化学家或生物学家称为哲学家，除非他们在科学研究之外，还思考世界的根本特征——在这个世界中，既有心又有物，既有一体又有分殊，既有

第一章 哲学与哲学史

普遍法则又有个体特性,而且他们追问如下这些问题:心与物是如何相互左右?一如何又是多,多如何又是一?何为个体?何为非个体者,或非个体者如何可能为真实存在?如何能用可描述其他个体的词汇来描述某个体?

这些问题也许可以由自然科学研究所激发,但无法用自然科学研究所使用的方法来给出答案。如果自然科学家未提出这类问题,那么以我们对哲学家一词的理解,他就不能被称为哲学家。即便他提出这些问题而被叫做哲学家,他也可能得出如下结论:这些问题无法回答,因此没有必要提出这些问题。

柏拉图曾说,哲学始于惊奇。动物不可能有哲学思考,唯有不把万事万物看做当然如此,而是去追问因果,认为凡事都有原因,不将身边纷乱事物视为孤立现象(即便无法用语言表述),而是视为单一体验的一部分,无所不包现实的一环——在此无所不包现实中,也包含了发生过的其他事物,或者有可能发生之事物。但是,我们很难把这种好奇冠以哲学之名,因为它尚未超越对故事本身心满意足的"孩童时期",如所有民族有关世界起源的神话那样,将世界起源类比于我们所熟悉的世界里发生的过程，而无法想象它发生在世界之外。就像约翰·伯内特（John Burnet，1863—1928）在《早期希腊哲学》中说的，欧洲哲学的创始者所跨出的真正一步在于，"他们不再像前人那样讲故事。对于'无如何生有'以及'无何时生有'这些让人绝望的问题，他们放弃了回答的念头，转而追问真实展现在眼前的一切"。

　　伯内特谈论的那些人，是公元前6世纪米利都的哲学学派。米利都是希腊的爱奥尼亚人在小亚细亚沿海建立的一座繁荣城市。我们的哲学史正是从这些人开始的。对于世界进行系统研究，只为了解关于世界的真理。在古希腊之外的其他地方，这样一种哲学可否独立产生，颇让人怀疑。马雷特（Robert Ranulph Marett，1866—1943）曾在《人类学》一书中提到，"以纯反思之力，冲破习俗，取得理性的进步，这是古希腊民族的思想伟绩；若没有他们的引领，很难想象今日普天下能有一种不断进步的文明"。他们摒弃了一代又一代人对于世界起源与结构的陈旧说法，崇尚自由思考与研究，使我们今日所理解的科学与哲学变为可能。

　　因此，本书就从这群最早的希腊思想家开始，讲述我们的哲学史。

从他们的时代直到现在，欧洲文明不绝如缕地在讨论我们称之为哲学问题的一系列问题，而讨论者都会有意识地提到重要的古希腊思想家所达到的那些结论。后世的讨论，有的激烈，有的自如，有的亦步亦趋，但基本上都不出哲学之父们最初所设立的框架。正如培根所说，确有那么一些荒漠般的年代，包括哲学在内的文明果实无人采撷，对哲学问题的讨论也悄无声息。时人所传承的不过是对先人讨论的重复，甚至先人的许多讨论纷纷凋零，或者被错误理解。

而且，讨论也不总是毫无畏惧地进行着，自由地开展着，像柏拉图所说的那样："任凭论争本身带领我们到任何地方。"有的时代会认为，超自然神力就某些事情所降下的神启，与我们的论争相抵牾，这样就犯了不敬神之罪。有时，在前代哲学家脉络内知识的发展，会阻碍后人自由思考以形成新知。宗教上、道德上、政治上、经济上、科学上、美学上的新体验，会给人类思考以新方向，使他们从前人的教诲那里转身面对身边的事实。有时，这些事实在前人那里就已经存在，有时，它是全新的。但很多时候，有得也有失。很久以前就纠正过的错误会卷土重来，旧有的迷惑也会改头换面再度出现。

因此，哲学史虽然从公元前 6 世纪一直持续到 20 世纪的今天，但它绝不是这样一种历史：每个讨论要点都一劳永逸地得到解决，迈出的每一步都坚实地向前。其实哲学的历史长河易于被现实事件打断，随意堆满了与主题无关的种种偏离，一时无人问津，一时又门庭若市，哲学人的水平也参差不齐。

不过，若将哲学史作为一个整体来审视，我们会在其中发现无比坚实的进展，甚至那些中断与偏离都为哲学带来了某种意义上的自我更新与启发。

第二章　从泰勒斯到柏拉图

米利都与爱菲斯的哲学家们

让米利都的哲学家们殚精竭虑的是变化问题。万物总是方生方灭，它们并不是无中生有，也不是化为乌有。世界的壮美之处，不在于崭新的开始，或全然的寂灭，而在于它处于无穷无尽的大化流行中。不过，究竟是什么在大化流行呢？到底是哪一样事物在展现如此多的面目呢？这正是最早的希腊哲学家致力于解决的问题。

最早的一位希腊哲学家叫做泰勒斯，他说万物始源于水，接下来的阿那克西曼德则说，万物的始源是无定。无定,是一种无边界又没有任何规定性的实体,从中分离出为我们所眼见的万物,如水,如火,而水火不相容。阿那克西曼德的学生阿那克西美尼又提出气是本原。气既能热散为火,又能冷聚成水。

这三位哲学家都生活于米利都,活跃于公元前6世纪。公元前494年,波斯人入侵并摧毁了米利都,米利都学派便终结于它的诞生地。但在距离米利都不太远的城市爱菲斯,当时有一位哲学家应当被视为米利都哲人的继承者。他叫赫拉克利特,后世称呼他为"哭泣的哲学家",因为据说他总是在人世间发现让人垂泪之事,而我们下文要提到的德谟克利特则总能发现让人欢笑之事。

赫拉克利特认为,世界的过去、现在、未来是永恒的活火。我们看到,若有燃料的支持,火焰就永远熊熊燃烧,并不断化为缕缕尘烟。而且,火焰是如此迅疾,这让我们不禁联想,思维之迅疾正仿佛它有火的这种特质。饮酒过多,会让我们头脑发木,这一事实似乎肯定了上述猜想。赫拉克利特说:"干燥的灵魂是最优秀的灵魂。"我们的心灵是这团永恒活火的一部分。作为心灵特征的思考力,便能为这团永恒的活火奉献一份力。

不过，赫拉克利特在哲学史中的重大地位，却不是来自为万物本原这一古老问题所给出的新答案，而是来自于他对万事万物永不止歇的变化之流的强调。赫拉克利特将大自然的变动不居比作为"永远奔腾的河流"。他说，人不能两次踏进同一条河流，因为你第一次踏进的河水已经流向他处，你第二次踏进的河水是从别处流过来的。

我们很容易能理解，"永远奔腾的河流"一说对于那些追求知识的人来说，意味着何等重大的打击。如果万物本无定质，如果在出口的那一刹那，言说就此失真，那么知识如何可能？据说，赫拉克利特的门徒放弃了言说，转而用手势指点。他们批评说，老师赫拉克利特所谓的"人不能两次踏入同一条河流"也不恰当——人哪怕一次也不能踏入同一条河流，因为一切都瞬息即逝，踏入河流的刹那间，它已不再是同一条河流。

人一次也不能踏入同一条河流，这一极端的推论来自于克拉底鲁，他活跃在赫拉克利特之后的一个世纪，即公元前5世纪。柏拉图（前427—前347）年轻时曾师从这位克拉底鲁。他从克拉底鲁那里学到：感官所感知到的是万事万物之流，因此真正认识它们是不可能的。这一不可知论对柏拉图是一大冲击，刺激他跳出不断变幻为他物的可感世界，转而寻找那永恒不变之物。

必须指出，柏拉图认为，赫拉克利特的变化之流，仅仅是感官能够感知的事物，因为赫拉克利特及其同时代者，认识不到非物质的存在。但他们并不是现代意义上的唯物主义者，即认定非物质的存在并不存在，因为在我们看来最基本的一些区分，在他们那里还未成定论。在他们看来，心灵未必不具备像空间那样占据空间的特质，物质也未必不能像心灵那样进行思维。对赫拉克利特而言，灵魂可以是干燥的，而火则可以是智慧的。

爱菲斯哲学家赫拉克利特的变化之流以及克拉底鲁的推论，让柏拉图这位知识的热情追求者实难接受，因此他开始寻找永续不变的对象，在那里能找到一种真正的知识。他所奔赴的方向，是苏格拉底向他指明的。

苏格拉底

苏格拉底（约前470—前399）是人类有史以来最伟大的导师之一，他身后未留下任何文字作品，他的学说是在别人的作品中才为后人所知。这些在不少地方相抵牾的作品包括了喜剧家阿里斯托芬的《云》。《云》是对苏格拉底的嘲讽之作，写成之时，苏格拉底约50岁。还有色诺芬的《回忆苏格拉底》，写于苏格拉底去世之后。著名将领、历史学家色诺芬最著名的事迹是公元前401年率领一万希腊雇佣军，克服千难万阻从波斯高地安全撤回黑海之滨。另一部关于苏格拉底的著作是柏拉图的《对话录》。柏拉图和阿里斯托芬、色诺芬、苏格拉底一样，也是土生土长的雅典人。年少时，柏拉图就从学苏格拉底，后来创作出了精彩绝伦的哲学对话录，使柏拉图成为一个不朽的名字。大多数柏拉图对话录将苏格拉底作为主要的对话者。不过，苏格拉底在对话录中的言谈，并不完全代表苏格拉底，更多是柏拉图自己要说的话，只不过开启柏拉图思考的正是苏格拉底在世时的教诲。

阿里斯托芬的《云》将苏格拉底嘲讽为理性主义思潮的中心人物。作者阿里斯托芬则是老派的雅典保守主义者的代言人,在雅典保守主义者看来,这些智术师关于自然界的新理论以及玩弄诡辩术,给宗教和道德带来了灭顶之灾。色诺芬《回忆苏格拉底》中的刻画则完全相反。苏格拉底之死使德性爱好者们失去了最可敬的良师益友——他虔诚而自制,反对一切无助于使人成为好家人和好公民的空头思辨。柏拉图笔下更为丰满的苏格拉底有助于我们理解为什么上述两个截然不同的苏格拉底竟描写的是同一个人。

在一个思想极度活跃的时代,再没有比充满无尽创造力和冲击力的苏格拉底更能作为精神不安分之代表。苏格拉底对话的影响之大,堪比一声惊雷。苏格拉底不事修饰的个性,反而使他特别吸引雅典城中最有才华的年轻人。年轻才俊们从苏格拉底那里学会了对平庸和社会现状感到不满。苏格拉底的从学者都明白,苏格拉底绝不是无底线的诡辩者,相反,他强有力地拷问那些冒充有知识者,让当时最有名的空谈者现出无知之原形。苏格拉底生活简朴,给世人展现了一种高尚的生活模式:自制力强,脱离了奴役众人的贪欲——世人熙熙攘攘皆沦为贪欲之奴。在柏拉图笔下的苏格拉底身上,我们发现了一种革命式冲动,来自于逐渐由思想进步所唤醒来的精神,而这在色诺芬的苏格拉底身上是阙如的;《云》中的苏格拉底,是将天真无邪年轻人引入歧途之元凶,而在柏拉图的苏格拉底身上,我们还发现一种道德启发,这完全与阿里斯托芬讽刺苏格拉底的初衷相反。

阿里斯托芬剧本将苏格拉底描写成败坏青年心智,不敬本城邦的神。这些罪名正是公元前399年苏格拉底被指控的罪名,他被判处死刑,选择饮下毒堇汁而死。根据雅典法律,若苏格拉底在一定程度上认罪,并交纳法庭提出的一定数额的罚金,本不必有此惨烈的结果。若苏格拉底默许好友帮他轻松越狱,他可以在雅典之外的地方得享天年。但苏格拉底不认为自己有任何罪责,应受任何惩罚。在朋友们的苦苦恳求下,他提出愿意交数量不多的罚金,但同时又提出对他最合理的待遇,应该是给他津贴,以作为对他造福希腊的感谢。

就在苏格拉底这一番慷慨陈词自己无罪的申辩之后,法庭宣布判处他死刑。而不遵守雅典的法律判定,是完全不在七十古稀之年的苏格拉底考虑之列的。柏拉图在《申辩篇》《克力同篇》和《斐多篇》中为我们留下了最后日子里的苏格拉底：面对死亡，虔诚而勇敢。这样的人格永远是我们人类最宝贵的精神财富。

苏格拉底的两项罪名似乎都不能成立，不过深究起来仍是有一定道理。

不敬神罪名的确切证据是什么，我们无从得知。根据我们所知道的，苏格拉底并无不敬神之行为，虽然他在讲起自己的神圣使命以及神给他的告谕时，隐含着对雅典宗教的不满。也许由于苏格拉底是自由思潮中最突出的一位，因此他被罗织了给社会带来破坏的理性主义的罪名，但其实苏格拉底与理性主义并无多大干系。谣言也许满天飞，说他与秘密宗教小圈子过从甚密。

至于败坏青年的心智，在那些知晓实情者的眼中，苏格拉底对青年们所施加的巨大影响，在于追求正义与自制，但他们也承认，苏格拉底的几位学生，如阿尔基比亚德和克里底亚，后来在政坛是出了名的肆无忌惮，也毫无忠信可言，这些"坏学生"与苏格拉底曾经的密切关系势必会引起众人

第二章 从泰勒斯到柏拉图

对苏格拉底的疑心。苏格拉底对雅典"恨其不争，哀其不幸"，但是他直到临死都是极爱国的公民，他的这种不满态度并不会切断学生对城邦的忠心。值得留意的是，他的两位主要辩护者柏拉图与色诺芬，前者在各方面都偏好雅典制度，而非它的竞争对手斯巴达的制度；后者却从雅典转投斯巴达。

在灿若繁星的历史名人里，极少有人像苏格拉底那样，其外表为人如此为我们所熟知。即便在这本简略的哲学史小书中，于此用些笔墨渲染也并无不妥。柏拉图，这位在有文字传诸世的所有哲学家中最伟大的哲学家，在苏格拉底身上看到了哲学化生活的实现。苏格拉底丑陋的外表与高尚的精神，二者之间的惊人对比，对于每一个人来说都是莫大的震撼，对于怀疑苏格拉底的雅典人尤其如此，因为他们很自然会认为美好心灵应栖居于俊美身体里。在柏拉图《会饮篇》中有一段著名的文字，阿尔基比亚德将老师比作大腹便便的丑怪林神西勒诺斯，腹中却藏着美好的神。《会饮篇》中生动描写了苏格拉底惊人的忍耐力与自制力，他度过了最艰苦的军旅生涯，也抵御了最难抗拒的肉体诱惑。每次宴会，苏格拉底虽然一起欢饮,但他必定是酒终人散时最清醒的那位,一如他平时那么清醒。在冬日里,他能从早到晚露天静坐冥思。能为他人所不能,再加上苏格拉底的社交魅力,幽默出众,敏锐异常,这一切都表明苏格拉底并非不食人间烟火的苦修者,或者不切实际的梦想家。苏格拉底让人为之动容的人格,不需要地位、财富或容颜的任何助携,使哲学以它自身尊严呈现在世人面前。那些想成为哲学家的人,不管是被思考万物这一"严肃游戏"本身所吸引,还是希望让自己不惊惧此生的各种浮沉际遇,都能在苏格拉底这位伟大的雅典人身上找到最完美的典范。

上文提到柏拉图陷入赫拉克利特"万物皆流变"学说中无法自拔,我们接下来就要探讨,苏格拉底是如何为柏拉图解开"真正知识何以可能"之惑的。苏格拉底与雅典当时的理性主义思潮同时,并被视为此思潮的代表人物。这场思潮的执牛耳者被统称为"智者"。智者(sophist),我们现在用它来称诡辩者,当时仅仅意味着拥有一定智慧或知识的人。对同时代人而言,苏格拉底是一位智者,甚至在阿里斯托芬剧作中被讽刺为智者中的"佼佼者"。

第二章　从泰勒斯到柏拉图

不过，苏格拉底本人无意于这个称呼。他认为自己无甚智慧，不过是智慧的爱好者。据说德尔菲神庙曾降下神谕说苏格拉底是全天下活着的人中最有智慧的，当一位热忱的学生凯勒丰告诉苏格拉底此事时，苏格拉底困惑异常。为了弄清楚神谕的意思，并出于一种宗教责任感，他开始投入与所有自诩为有智慧者的交谈诘问。这场交谈诘问证实了一点：那些人不过是夸夸其谈。苏格拉底明白自己之所以像神谕说的那样比所有人都有智慧，不是因为他知道的最多，而是因为他意识到了自己的无知，其他人不过以无知装有知而已。苏格拉底还认为，即便一个人拥有些许智慧，他也不应该用它来谋求世俗的好处。但同时代的智者——智慧的拥有者——却在乎人气，更甚于对智慧本身的精研博观。在公众的掌声中生活，他们必须要说公众喜欢听的话。公众本身就是负面意义上的"大智者"——柏拉图所使用的这个词也许来自苏格拉底——喜欢有利可图的似是而非之物，甚于爱真理。毕竟真理让人更自由，而非更富有。苏格拉底施教从不收取费用，自始自终都过着拮据的生活。

因此，当全社会几乎众口一词认定苏格拉底是一位名声在外的智者时,在学生们眼中,苏格拉底却是智者的伟大反对者。智者们大多离乡背井,四处游荡(苏格拉底则不同,除了服兵役,他从未离开过雅典),聚众收徒,所收的都是学习说服术想发达之辈。他们造成了一种观念的甚嚣尘上:是非界限并不是绝对的、永久的,而仅仅是一种约定俗成,因此一地之是到彼地便不再为是(地方习俗显然属于这种情况),一时之是,彼时便转是为非。不再能够确定无疑地指认,哪些传统习俗或行为是正确的,因为总会出现例外情况使规则站不住脚。拒绝考虑例外情况,紧抱住习惯性思维方式不放,也无法屏蔽这一令人不安的批评。

苏格拉底学说的特点之一,就在于他致力于用更进一步的思考与论辩,来治愈思考与论辩给道德信仰带来的伤口。此时此地,这个是正确的、正义的、勇敢的;彼时彼地,那个是正确的、正义的、勇敢的。但如果正确、正义或勇敢的提法有一定意义,那它们在任何情况下必定都是正确、正义或勇敢的。比如,我们对某一场合某人的诚实钦佩万分,但此人可能动机不纯,随着进一步的了解,我们会发现此人完全不值得钦佩。我认为他很诚实,但又担心弄错了。但若说，人们不知道何为诚实，那却是很难让人接受的说法。因为，要是不知道何为诚实，我们就不会觉得某人诚实，甚至也不会在有的时候发现自己弄错了。因此，摆在我们面前的伟大任务，就是要弄清正确、正义和勇敢这些在逻辑学上所谓的"谓词"，其意义为何，并且通过定义将它们的意义固定下来。

苏格拉底宣称，正义、勇敢等是有恒常性质的，而定义的目的就在于表达它们的恒常性质。这就为柏拉图指点出了一条新路，将他从怀疑知识何以可能的赫拉克利特老路上拯救出来。因为，这些性质并不是肉体感官的对象。人每次所感知到的，只是人或行为的殊例。在这种情况下，我虽然觉得自己认出了自己所知的某一性质。但其实，此性质本身不是感性的对象，而是理性的对象。柏拉图如此总结：感官世界永远变动不居，忽大忽小，忽寒忽热，因此它是方生方灭的，从来就不是一个完全真实的世界，不同于另一个世界，即超越时空的形式或性质的世界。我们在感官世界所得的只是意见，它的先决条件是知识，而知识是对后一个世界的认识。除非我认识你，我才不会把你与另一个人相混淆；除非我知道何谓诚实，我才不会胡乱猜测如此这般的行为是诚实行为。

柏拉图

苏格拉底将他对这一话题的建议限定在道德领域，定义哪些行为是人之为人应该践行的，柏拉图却将思考的边界继续往深处推进。于是，正如我们必须先知道正义是什么，才能确定哪个行为是正义的，我们也必须先知道"直"或"相等"是什么，才能说线段 AB 是直的，或者线段 AB 等于线段 CD。直与相等，也都是一种恒常性质，只能由理性把握，感官对此无可奈何。它们不会在旦夕之间甚至在言谈之间变成另一种东西。在为道德判断找寻永恒对象时，苏格拉底所发现这些不随习俗或环境变化而变化的恒常特质，由此成为柏拉图哲学的基石。柏拉图称它们为理型（Form），用希腊词来说就是 Idea。

Idea 这个词，我们很熟悉。但在现代英语中，它的涵义大不同于柏拉图的 Idea。对我们来说，它指的是头脑中的东西，与外界事物不一定有关。对柏拉图来说，Idea 即理型——并非仅仅外在形式，而是使事物成为其所是的内在根本结构或性质。即便是对某一物质，凭感觉是无法把握它的内在根本性质的，因为感觉到的仅是表面。因此，理型是理性对象，而非感性对象。但是须警惕的是，它不等同于我们今天的"概念"，毕竟概念仅存乎心灵中。理型是概念的来源，但绝不依赖于我们的心灵。以今天科学所要去发现的"自然规律"做类比，也许有助我们理解这一点。在柏拉图看来，理型并不是感官能感知或无法感知的物质实体。但他也不认为理型的存在有赖于我们意识到它们。柏拉图的"科学"就是要确认理型的存在，并描述之。理型无疑开始于对感官体验的把握。若感知与某一理型不符，柏拉图倾向于去怀疑感知具有欺骗性，而非理性所把握的理型错了。我们不能说，柏拉图的理型就等同于现代人口中的"自然规律"。但这一类比有助于我们理解柏拉图的理型观。柏拉图的理型是恒常特质，它们构成了宇宙的本质现实，它们本身也是真正知识的对象。理型不可为感性所捕获，只能由知性（understanding）来把握。不过，正如通常我们的知性所把握的事物是独立于感官的存在，柏拉图的理型也非心灵活动的产物，而是心灵活动的先在条件。

毕达哥拉斯学派与柏拉图

培根曾说他"将用每个人的烛光来点燃火炬"。这句话也特别适用于柏拉图。天才的柏拉图在赫拉克利特、苏格拉底等前人那里广泛汲取灵感。柏拉图从与老师苏格拉底友好的毕达哥拉斯学派那里受益颇多。毕达哥拉斯学派得名于毕达哥拉斯。他生于公元前6世纪中叶的小亚细亚西岸岛屿萨摩斯，后来则生活在希腊殖民地（Magna Graecia，或称大希腊，今意大利南部一带）。

毕达哥拉斯自己并未留下传世作品，但却在大希腊地区的科罗托那创立了一个宗教团体，并曾拥有对该团体的最高控制权。米利都学派的思想家大都能毫不费力地将哲学置入大众宗教。他们虽然口说"神"，但神一词所包含的意思却非被崇拜的有灵存在，而仅仅是大自然的最基本元素。但毕达哥拉斯却是宗教复兴的一员领袖。在这宗教复兴中，原始迷信甚至野蛮迷信重新粉墨登场，另一方面通过永生与轮回学说，也强化了个人尊严与责任感。像不少米利都思想家一样，毕达哥拉斯还是一位科学家，被追认为几何学之父，并且发现了八度音程。与柏拉图同时代的毕达哥拉斯派成员，从事着数学和音乐研究，并对灵魂的终点抱持严肃兴趣——这些都是他们的传统。后一种传统与系于神秘音乐家俄耳浦斯名下的一些文字作品中的思辨与冥想息息相关。据传说，俄耳浦斯洞悉死后世界的秘密。

　　无论是数学方面，还是宗教方面，毕达哥拉斯主义都给柏拉图施加了深厚影响。柏拉图本人是一位伟大的数学家，据说还在他的学园门口写上：不懂几何者不得入内。柏拉图的理型——无生灭成毁的永恒特质——在许多方面都酷似毕达哥拉斯学说中存在于数字中的终极元素。毕达哥拉斯发现，音乐和声在于音程比例。这一发现也许为理型学说开启了思路。随着测量越来越精确的自然科学的发展，日益用数学公式来描述自然现象，这一切都逐渐为理型学说保驾护航。柏拉图的理型，除了数学中关于数字和图形等的理型之外，涵摄面更广。柏拉图自己，甚至柏拉图学派的第一代传人，虽然在精神上追随毕达哥拉斯派，但不愿用数学语言来讲述全部理型。

柏拉图的灵魂说与毕达哥拉斯关于灵魂不朽以及轮回的思考，二者之间的亲密关系，一如理型学说与毕达哥拉斯数字学说的关系。对柏拉图来说，永恒不变的理型世界只能靠理性来把握。而灵魂作为纽带，连接着理型世界与有生灭有成毁、不断往复的感官世界。柏拉图认为，物体只有被他物推动才能运动，而生命之运动则起自体内的灵魂（或曰生命本原）。唯有灵魂，既能使自己运动又能引起其他事物运动，因此它是低等世界生灭成毁变化之因。柏拉图于是禁不住想到，灵魂必定分有理型的永恒，因为作为心灵，灵魂的根本性质或功能正是把握理型。虽然人有生死，总是匆匆降生，匆匆离去，谈不上什么永生，但生命轮回本身，以及作为生命永恒轮回之本源的灵魂，是无始无终的。不过这一永生的灵魂叫做 *Anima mundi*，也即世界灵魂。它并不是你我的灵魂，因为你我总难逃生死劫，而且你我的灵魂虽然能把握永恒的理型，但还充斥着各种各样的想象与欲望。这些想象与欲望，其源头正在我们可朽的身体。

第二章　从泰勒斯到柏拉图

那么，柏拉图是如何看待你我灵魂之所由来、所从归呢？要回答这个问题，我们首先要记住，在柏拉图那里，哲学是对永恒不变理型的把握，他唯一能回答的就是关于理型的问题，而非在时间流逝中任何事物的过去与未来。当然，对于后一类问题必定也是有真正答案的，但对此，哲学唯一能说的只能是：过去与未来皆为虚幻，与他所知的永恒世界无关。因此在这里，没有历史学家，也没有预言家，告诉我们过去如何，未来怎样。我们只能想象某个"神话"聊以自慰，只要这个"神话"与我们所知的理型世界不相冲突就行。

柏拉图对话录中有许多这样的"神话"，回答了上述问题——关于世界起源、社会成因以及个人灵魂归宿的问题。对于个人灵魂的归宿，柏拉图汲取的传统养分有与俄耳浦斯有关的传说，还有毕达哥拉斯及其后人的思考。虽然柏拉图在各种细节上任想象力自由驰骋，极尽笔墨之渲染，但因为这类记述是生灭世界的意见，不属于哲学所讨论的知识，所以没有理由认为柏拉图自己就真的相信个人灵魂是不朽的。

正如当解决某道数学难题时，我们会说："没错，这就对了"，当认识到某个真理时的那种真切感，使人不禁怀疑我们早已认识它，只是一度忘记了而已。也许每个灵魂都经历了一次又一次的轮回，此生的种种由前生的所作所为决定。这听起来很像佛教的说法：通过每次轮回在世的行善积德，信徒们希望截断生死的业流，跳出六道轮回。由于柏拉图不像佛教那样将生命视为一种恶，所以他并未设想挣脱生死轮回之可能。但他强调，灵魂的归宿是由其美德来决定的。根据流俗说法，凡人可以用钱来贿赂神，以洗脱罪责，柏拉图对这种说法极为愤慨。俄耳浦斯诗歌中有对美好来生的应许，当柏拉图引用这些诗歌时，他心里想的不是外在仪式，而是通往真正哲学家生活之门，在这道门内，永恒的善得到理解，生命之路遵循善而行。

爱利亚学派与柏拉图

除了毕达哥拉斯学派，对柏拉图产生深刻影响的还有爱利亚学派。这一学派起源于同一块土地上，得名于南意大利小城的爱利亚，创始人巴门尼德是一位爱利亚公民。在《巴门尼德篇》中，柏拉图笔下的巴门尼德是一位雅典访客，当时苏格拉底还很年轻，时间在大概公元前5世纪中叶。巴门尼德处理的问题与赫拉克利特相同，但两人的立场完全相反。赫拉克利特眼中无所不在的变化，巴门尼德认为实际上是不存在的。我们所见到的变化，一切只是幻觉而已。比如我们想象某种运动，不论这运动是什么，它必定要去占据某个未被占据的空间。诚然，它可以将原先的占据物推到别处。但是，如果所有空间都被占据的，那么也就不会有任何运动。巴门尼德似乎认为，说某处是无，其实就意味着"无即有"。在他看来，这是何其不可思议，而他确信一点：不可思议的事情不可能为真。我们通常认定，某物成为可理解的，在于我们已弄清楚它是什么。基于此，巴门尼德不惧惊世骇俗地指出一切变化皆是虚妄，真正存在的必定是不生不灭之物，无论何时何地何方向，它都是不可分的同一。呈现在感官面前的，是熙熙攘攘的大千世界，但我们都承认，感觉往往会欺骗人，不可信，因此必须用理性来纠正，而理性是不以变动的世界为意的。

世界一切皆流变的理论无法满足柏拉图的理性野心，因此我们可以想见他当引巴门尼德为同道。在柏拉图这里，同一个理型可以在许多可感事物中找到，可以被无数次重复，虽然会被混以其他特质甚至相反特质，正如巴门尼德的"大一"藏在这个变动不居的幻觉世界背后。但是，柏拉图的理型并非只有一个，而是有多个。因此，在真实的可知世界中有着那么多不同的理型，其多样化不输给生灭无常的可感世界。而且对于柏拉图而言，表象世界并不是虚幻的。它介于存在与不存在之间，是真切地展现在我们面前的，虽然它倏尔会变为另一个模样。它也并非巴门尼德所认为的那样，仅仅是一种"非存在"，不具备任何现实性。

万物变化是如此真切，巴门尼德对变化的否认在同时代人眼中无疑显得太诡异。巴门尼德的学生芝诺站出来捍卫老师的悖论。他指出，当我们竭力去理解运动时，会发现运动其实不存在，这确实如同巴门尼德学说形容的那般吊诡。举例来说，飞毛腿阿基里斯假如与龟赛跑，想都不用想，阿基里斯必定很快超过龟。但让我们来看一下吧。假设阿基里斯的速度是龟的十倍，龟在阿基里斯前头 100 米出发。当阿基里斯跑完 100 米时，龟则向前跑了 10 米；当阿基里斯跑完接下来的 10 米时，龟则又向前跑了 1 米；当阿基里斯跑完接下来的 1 米时，龟又向前跑了 0.1 米；如此类推，阿基里斯永远也追不上龟。芝诺的另一个悖论是"飞矢不动"。由于飞矢在飞行过程中的任何瞬间都会占据某个位置。那么，它到底是何时从一个位置移动到毗邻的另一个位置的呢？诸如此类的悖论证明一点：时间与空间的延展应该都是连续的，而非像赫拉克利特所理解的是无限可分的；也就是说，它们不是由像数字那样的一个个点构成的。

对人们烂熟于心的观念进行再讨论，先承认某一立场，然后再看该立场会导向何等不可思议的结论，由此揭示该立场的摇摇欲坠。这就是希腊人所谓的"辩证法"（dialectic）。芝诺被视为是辩证法的鼻祖。苏格拉底则是此中大师。柏拉图深信辩证法是极好的方法，它不是用来发现特定事实的，而是对于所提出的某一观点进行彻头彻尾的审视。有时候，柏拉图甚至用辩证法来称呼哲学，即研究存在的最根本特质。在《对话录》中，每当要审视某一观点，柏拉图会先栩栩如生地让那些很自然会持有该观点者将之抛出。柏拉图早期的对话录，一般都从苏格拉底关于正义、勇气、虔诚等的讨论而展开；后期的对话录，柏拉图越来越关心那些较抽象的概念，比如团结、身份、差异等等。柏拉图意识到自己要处理的问题更接近爱利亚学派所关心的。故此，苏格拉底也不再是对话录中无可辩驳的主人公。巴门尼德或者某个爱利亚学派成员，往往会成为重要性不输苏格拉底的对话人物。

阿那克萨戈拉与柏拉图

这里还要稍微提一下另一位柏拉图的前人——生活在公元前5世纪上半叶的阿那克萨戈拉。和之前的米利都哲学家一样，阿那克萨戈拉也来自小亚细亚的爱奥尼亚，但在雅典生活多年，与民主派领袖伯里克利亦师亦友。但最后由于他大胆地宣称太阳和月亮都非神圣之物，构成它们的材质与我们脚底下踩的泥土并无二致，因"亵渎神圣"的罪名被驱逐出雅典。阿那克萨戈拉的被驱逐，引发了人们对雅典民主的怀疑。当时雅典的民主，一如几十年后苏格拉底时代的民主,一旦触及城邦宗教话题,对于思想自由便全无容忍。某些特立独行的小团体持有这种自由思想,会让敏感的社会大众感到如坐针毡,位居高位者则会从中嗅到政治危险。

最早的哲人曾说,世界由这种或那种基础物质构成,但他们在断言万物本原是这个或那个时,却无法解释世界呈现给我们的纷繁之态。正如英语中的一句谚语所讲,世界是形形色色的事物所组成(it takes all sorts to make a world)。若只认定一种物质,我们怎能确信自己的解释更好呢?

在阿那克萨戈拉看来,万物即杂多,最初"万物相混,不辨颜色",处于一片混沌之中。这个巨大的混沌物通过分化,使万物各安其位,这就是我们今天看到的万事万物。那么到底什么是万物的动因?阿那克萨戈拉的回答是:心。

这一答案给初听到此的苏格拉底留下了极其深刻的印象。这个世界为何会如此神奇地井然有序?在苏格拉底看来,阿那克萨戈拉对于这个问题的回答更让人耳目一新也带来更大希望。打个比方,我们在海边发现一个从未见过的某结构精巧之物。如果进一步发现该结构使它能显示时间,而且它是由某个聪明人带着显示时间的意图发明的,我们的好奇心就能得到满足。苏格拉底抱怨说，阿那克萨戈拉只是提到心是世界秩序的总动因，却没有进一步从细节上说明它是如何运作的。于是他尝试着自己接手这一未完成的任务，后来苏格拉底便成为最早持有下列立场的思想家之一：人类及万物是一位善良万能的造物主所造。

　　柏拉图在这方面与老师苏格拉底极为相似。每当对观察到的事物感到大惑不解，人们会找出一种让自己不再疑惑的新方法来看待它们，并解释它们为何让人疑惑。人们信任智性（Intelligence），不信任感性（Sense），并且倾向于认为眼前的事物再奇怪也必定是可理解的。就这样，我们从感官的世界上升到理型的世界。在这个理型世界，一切光怪陆离都消失了，一切都是可理解的。上文已提到，理型有很多。那么，理型之间难道彼此无关吗？致力于将一切都变成可理解之物的心灵绝不会满足于这么想。只有将它们安放在井井有条的系统中，心灵才会稍歇。在柏拉图的系统中，善便是安排理型各就其位的终极动力。把握"善的理型"是人的理性追求的终极目标。但除非所有知识的获得都有赖于对它的长时间追索，除非我们通过它将每日生活中的对象区别于对生活对象的思考、阴影、模仿等,它才不仅仅是人幻想出来的产物。后者这些抽象知识,虽被称为科学,其实从一开始就已迷途。因为我们头脑里预设了这一点:只有能让智性满足的才有可能是真实的。智性是不可能得到满足的,除非它最后承认,万事万物皆可理解并不是偶然的。

如果顺着这一思路往下走,我们将得出这样的结论:与一直以来引导我们的智性本身有亲缘关系的"大写智性",乃万物是其所是的原因,也即万物成为我们所知样子的原因。换句话说,我们若像苏格拉底那般充满冒险精神,"放手让论证自由引导",会发现万事万物内在有一神圣计划,在向我们揭示着它自己。

只有了解到这一无所不在的宏大计划,全部知识乃至社会生活真正的坚实基础才能够奠定下来。在柏拉图看来,除了在无法发展出精神力的社会之外,社会的统治者应该由哲学家担任。柏拉图最伟大的作品《理想国》,描绘了如何培养最合格的城邦统治者。思想训练并不是其全部内容。柏拉图的特点之一,便是不把思想生活视为与感官生活、意志生活相脱离。真正的哲学家不仅接受了严格的科学训练,而且习得了热忱的同情心与无私的公共精神。

柏拉图公元前347年去世，身后留下他创建于雅典的一所学园。学园叫做阿卡德穆（Academy），得名于校址所在地之名，该名称后来也成为学园的同义词。柏拉图的学园从一开始就是科学与哲学研究的中心，并逐渐发展成类似于后世大学一般的机构。学园存续了九百多年，直到公元529年被罗马皇帝查士丁尼关闭为止。

在学园学习的众多年轻人中，来自色雷斯的亚里士多德是柏拉图最著名的学生，也是柏拉图最主要的批评者，两人在后世的名声也在伯仲之间。

第三章　亚里士多德·伊壁鸠鲁学派·斯多亚学派

有这样一种说法：每个人生来要么是柏拉图主义者，要么是亚里士多德主义者。柏拉图与亚里士多德，这两位伟大希腊哲学家的名字经常用来代表两种势如水火的立场。在柏拉图所代表的神秘派或唯心派那里，生活的意义远远超过耳目所及，并跃出自然给经验设定的边界，目的是为了思考那孤悬于经验之外的事物。亚里士多德则采用一种更为审慎的方法，遵循严密逻辑，紧贴经验事实，得出可由观察和实验证明的结论，避开柏拉图派所热衷的天马行空式思考。在拉斐尔的名画《雅典学院》中，柏拉图一手指天，亚里士多德一手指地。

　　但若对这两位哲学家的了解深入一些，会发现上述流俗看法并不能站得住脚。读者会看到柏拉图的推理是很严密的，毋宁说他是一位实践的道德学家；亚里士多德也许并非如我们相信的那般对思考如此小心翼翼，对感官世界之外的世界如此不屑一顾。

　　亚里士多德（前384—前322）是柏拉图弟子，但逐渐不满于学园流行的思考与教学风气，于是在吕克昂建立了自己的学园。虽然与同门分道扬镳，但亚里士多德在哲学写作中总是从柏拉图学说的立场开始，然后阐发出自己的观点，批评他所不能苟同的柏拉图诸学说。所以读者的第一印象便是，亚里士多德总在反对柏拉图，却没有看到师徒二人之间在许多方面的根本一致性，因为亚里士多德当然不必在一致的地方多费笔墨。

　　亚里士多德与柏拉图一致之处在于，都认为知识以事物的恒常性质为对象，因为恒常性质不能由感性只能由理性来把握。亚里士多德笔下的形式，也即柏拉图的理型，二者是一个词（都是 Form）。柏拉图是 Form 与 Idea 不加区别地混用，亚里士多德却除了复述柏拉图的观点，几乎不用 Idea。因此，Idea 一词在哲学传统中就与柏拉图特别联系在一起。

Idea 代表了万事万物的恒常特质，它们孤悬在外，万事万物只是对它们的分有或模仿。柏拉图意识到以此来形容理型与万事万物之间的关系，有失偏颇。可以将这种关系称为"分有"，但这并不意味着理型像剥橘子那样被分掉了；也可以称之为"摹仿"。但就好比你我都是人，都是某个原型人的摹本，接下来还面临着进一步探讨你我之间的共同点来自哪些原型，如此类推，可至无穷。解决这一难题的最好方法或许是，设想这种关系只是类似于人们所熟悉的分有或摹仿关系。能否确切形容这种关系，丝毫无伤于我们对它的理解。但如果说这是柏拉图因承认实难描述这种关系，同时又对理型的孤悬存在深信不疑，而不得不做出的推论，柏拉图也并不想让后来者弃用 Idea 一词。而对亚里士多德来说，如果要真正理解共相与殊例之间的关系，Idea 一词就该彻底弃用。

亚里士多德也不像很多人那样，认为共相只是一种心灵概念。"概念说"实际上在柏拉图《巴门尼德篇》中是由青年苏格拉底之口说出的。巴门尼德随即抛出这样一个问题："概念背后只是无吗？"假如我们认可概念说，就必须迈向这样一个结论：科学，虽号称研究万物共同特质，仅仅是头脑游戏罢了，与独立于心的现实世界无涉。总而言之，亚里士多德认定形式（或曰事物的共相）并非与心无关。但他区分了两种形式：一种是实质，如人性，一种是属性，如大、白、明智等。后者只有在属于前者时才是真实的。按亚里士多德的讲法，实质是事物的根本特质，只有在我们的话语中，实质才与具体事物本身分开。实际上可以说，每个个体都有自己的"形式"。用在人类身上，这一形式便是"灵魂"，它是生命的动因。人的身体是"质料"，其结构与功能，都取决于灵魂这一形式。即便许多个体可以属于同一范畴，它们并不能构成具普遍科学价值的陈述句。亚里士多德把这些陈述句中的谓词称为"共相"，以区别于"个体"。共相指具有可以用于述说许多个体的这样一种性质的东西，个体指的是不能这样加以述说的东西。自此以后，后人便经常会提到柏拉图的理型、亚里士多德的形式，或者作为"共相"的其他谓词对应物。

第三章　亚里士多德·伊壁鸠鲁学派·斯多亚学派

在亚里士多德看来，在月下世界，许多个体属于同一范畴，这是因为地上物体都由土、水、气、火四种原素构成。四原素说来自公元前5世纪的重要哲学家恩培多克勒。恩培多克勒生于西西里，他的生平颇具神话色彩。为证明自己是神，他最后跳入艾特纳火山口，消失得无影无踪。由此，恩培多克勒不经死亡直接飞升天界的传说便不胫而走。（英国诗人马修·阿诺德还将这个传说演绎成了一首著名的诗。）

在亚里士多德的原性说中，火气水土失去了本原地位，变成了冷热干湿四种对立原始性质的复合物：热＋干＝火，热＋湿＝气，冷＋湿＝水，冷＋干＝土。四原素以不同比例混合成不同物体。由于各对立性质无法保持长久稳定，因此地上物体必然是可朽的。个体虽然有朽，但种属通过个体前赴后继的繁殖能够实现不朽。天界的物体，并非由火气水土混合而成，而是由"以太"这一无质量且永恒的精质（第五原素）构成，因此本身即是不生不灭的，不需要相同本性的其他个体接续而达到不朽。

从上述简明扼要的概说，可以看到亚里士多德主要留意的是生命体。

从无生命的物体来看，运动是因为被推动，而推动它运动的物体必然也有推动者，往下可以一一类推。但是在生命体这里，存在着另一种运动。柏拉图认为自我推动的灵魂是运动的最终来源。但亚里士多德并不认为生命体的运动严格来是一种自我运动。生命体运动之因总是外在的，不用直接推动，而是靠激起欲望，所以生命体运动之因本身完全不需要自己运动。甚至欲望之对象也许根本没有意识到它。那无限往前推，所有的运动必然来自一个不动的推动者——它激起欲望，让生命体动起来。

亚里士多德如是说："爱在推动着世界。"天地间不动的推动者便是上帝。上帝是至高无上的善，就像被爱者"牵动"索爱者的心魂一样，推动着整个世界，但他对世界的爱慕并不给予回报。上帝是完美而无所求的这样一种存在，可与他联系在一起的唯一活动便是知识活动，而知识的唯一对象便是上帝的永恒完美特质。上帝并非世界的创始者，因为世界自身是无始无终的，他也不是世界的灵魂，毋宁说，上帝是世界在极尽所能模仿的完美存在。

对于非永恒、从不完美到较完美的发展之中的事物（与

第三章　亚里士多德・伊壁鸠鲁学派・斯多亚学派

永恒完美的天界万物形成对比），亚里士多德总是会在它们的最早阶段中寻找它们的趋向。这经常被称为亚里士多德的目的论（teleogoly），也就是说以万物的目的来解释万物。他一般不从生命体对人类的用途，而是以其各自种属的自身完善上来寻找它们的目的因（final cause）。

亚里士多德区分四种因：质料因、形式因、动力因和目的因。用这四种因可以很好地说明一座房屋的建成。我们需要建造房屋的砖石，砖石搭建成的形式，房屋的建造者以及建此房屋的目的。不过再审思之，除了质料因之外，其他三因往往会重合。因为，建造者只有在用心构想，用双手实现这一构想时，才是房屋的动力因。另外，特定的房屋材质也有它最适合提供的功能。所以，动力因和目的因就与形式因相仿佛，在非人工的自然万物上，这情况尤其突出。

由此，四因说只不过是对非永恒之物两大组成要素的进一步解说，这两大组成要素是质料和形式。当形式加诸身时，质料能变成形式所规定的样子，而形式是我们以某种属名称（非个体名称）称呼某物的根据。要记住，英文中的 kind, species, form 是同一希腊词汇的不同译名而已。某一形式（如大理石）有可能会变成他物（如雕像）的质料。我们永远不可能仅仅与质料面对面。如果没有任何形式，性质就无从谈起，那就是一片空茫茫。

另一方面，上帝是无质料的纯形式，因为上帝完美无瑕，知识的精神活动是其本质，没有尚未完成的潜能。在亚里士多德看来，这一知识活动是唯一系于上帝而不致荒谬的活动，他很自然便将知识活动视为人类的最高可能性。

准此，在《伦理学》中，人类只有在神样的知识生活中才能实现自己最高尚的潜能，也由此与大地上的其他生灵相区别，并在其中找到自己最大的快乐。人类的动物性与纯粹智性纠缠在一起，无法心无旁骛地追求知识生活，所以人类的快乐也包括践行社会德性。人生而为社会动物，必然生存在某种社会状态中，有父子夫妇之分内。不过，亚里士多德强调，只有在自由公民所构成的文明社会里，才能发现最高尚的生活（在他看来，希腊人便显示了这种能力）。

他的学生亚历山大大帝为希腊世界开启了新纪元，使原来的城邦逐渐沦为大帝国的郡属，但亚里士多德似乎并未预料到这一大趋势。他仍旧在《政治学》中描画着一个作为独立共同体的小小城邦。这样的城邦由一座城池及其近畿组成，不会太大，这样所有公民都能亲身参与公共事务。奴隶制保证了公民的闲暇时间。亚里士多德认为，奴隶制的实行有其依据，因为有些人从自然禀赋上无法自我管理。如果一个国家由专制君主统治，其他人只是俯首称臣，那么这样的国家也具有像奴隶一样的自然缺陷。在自由的共同体里，政治平等应该就相当于真正的平等。

财产的不平等也不应忽视。柏拉图在理想国中废除了统治阶层的私有财产权，亚里士多德对此不敢苟同。在亚里士多德看来，柏拉图的"普天下廓然大公"理想不可能通过这种方式实现。诚然，亲密无间的友人可以不分彼此地取用财物，但这毕竟不同于财物公有制。财物公有制并不必然保证该制度下的人与人之间产生特殊的情谊。

亚里士多德并未排除公民之间贫富差距的可能性。他认为，坐拥财富也即手握"一份城邦股份"，富有者因此得到特权地位，使自己不受制于赤贫者，与此同时这并不意味着富有者可以无视同胞的贫苦惨状。

各种现实存在的不平等都得到了应有的认可，亚里士多德心目中的理想政治原则如下：平等的公民应该既是统治者，同时也是被统治者，"轮流坐庄"。柏拉图要将城邦统治权交付给洞晓宇宙大道的哲学家，亚里士多德对此持不同观点，原因不在于他看轻哲学的地位，而在于亚里士多德将人类行为归属于变迁易朽的世界，而哲学研究的是永恒不变的事物，因此人类社会与"高人一等"的哲学无涉。

柏拉图将思辨的生活和行动的生活，将科学人与行动人合二为一，对于老师柏拉图片面强调统一性，却忽视与统一同样真实也同样重要的差异性，亚里士多德往往提出不同意见。他尤其看重差异性，认为每一个知识领域都有各自不可通约的定律。全部知识领域有一些通行的定律，其中最普遍的原理是矛盾律：A 不是非 A，或 A 不能既是 B 又不是 B。但我们不可能只凭恃这些通行定律，就获得关于万事万物特性的"实证知识"（positive knowledge）。

就这样，亚里士多德将科学划分为不同门类，并为各个科学门类之间的知识领域留出空间，对科学的进步功莫大焉。与此同时，由于他还强调普遍前提在各个研究中的重要性，并将这样的研究方法应用在各个科学领域，亚里士多德

第三章 亚里士多德·伊壁鸠鲁学派·斯多亚学派

又有逻辑体系之父的美誉。在欧洲接下来的几个世纪里,这一体系俨然成为哲学教学之根基。

亚里士多德详细论述了一种非常普遍的演绎推理法,使这一演绎法成为检验其他推理是否成立的试金石。这就是著名的三段论(Syllogism)。我们在这里给出一个最为经典的亚里士多德式的三段论例子:

> 天底下唯一能推理的生命体有幽默能力;人类是天底下唯一能推理的生命体;人类有幽默能力。

除了这个例子外,还有很多三段论实例,有着相同的论证结构,却失之于所涉命题的主语和谓语之间未能完全对应。

我们可以注意到,三段论是讨论问题时很自然会采取的一种论证形式,雅典的诡辩家就经常在里面做手脚,先使听者认可两个论断,然后根据前两个论断推出一个让听者大出意外的结论。玩这类把戏的人,需要搬弄语义,或者在不经意间迅速转换立足点。这些"把戏"被亚里士多德称为"谬误"

(fallacy)揭露出来,并且逐一归类,直到今天,依然在大大小小的逻辑手册中有着一席之地。

中世纪欧洲知识人的心灵受到了亚里士多德思想的极大影响,故而我们的大部分哲学词汇以及不少科学词汇都能够在亚里士多德那里找到词源。比如对事物终极性的研究,我们称之为形而上学(metaphysics),它的字面义是指"编在《物理学》这卷书后面的那卷书"。即便像我们耳熟能详的 habit, predicament, quality, accident 等从学院进入寻常生活中的大量词汇,都原本是亚里士多德著作中术语的译名。

培根曾经有过这样栩栩如生的评论:

当罗马帝国被蛮族洪流所冲垮,学问之舟遭遇灭顶之灾,只有亚里士多德和柏拉图的哲学像轻软的木板,浮于时代波涛之中而得以保存。其他希腊哲学家更为厚重的作品则都已经沉没在此惊涛骇浪中。

培根说这番话的时候,脑海里闪过的恐怕就是原子论哲

第三章 亚里士多德·伊壁鸠鲁学派·斯多亚学派

学家的著作。最知名的原子论者，当属与苏格拉底同时但略年轻的德谟克利特。德谟克利特和柏拉图一样，都认为这个世界的永恒终极实在不是感官对象，而是知性的对象。但他对这一实在的构想，却迥异于柏拉图。在德谟克利特看来，实在由原子构成（atom，即不可分的实体），这种微粒小到以我们的五官无法感知，形状各异，在虚空中运动着。

爱利亚学派坚称，虚空是不可想象的，而若虚空不存在，运动也便不可能。爱利亚学派以此否认天地间的各种变化迁流，认定那只不过是幻觉。

现代的自然科学发展史告诉我们，假定物质由不可分的原子构成，以物体的互相分合来描述大量物理过程，在此过程中物体自身保持不变，德谟克利特的学说是极为强大的理论工具。亚里士多德对德谟克利特的学识也深怀敬意，但亚里士多德的立场实在与上述理论太过背离，所以势必影响该理论的流布，因此对自然科学的发展毫无疑问造成了巨大阻碍。另外，在亚里士多德看来，原子论与"目的论"不类，目的论即将自然现象从根本上解释为万事万物都在往潜能所能够达到的尽善尽美状态发展。

在这方面，培根倾向于德谟克利特的原子论。大千世界纷繁巧妙，处处给人一种设计感，对此"许许多多原子的偶然集群"无法给出满意解释。虽然培根与先贤亚里士多德站在一条战壕中，批评原子论的目盲，但培根还是敏锐感到了目的论的危险，即若从大自然的意图出发来开始科学探索，这会让我们犯鼠目寸光的错误。英国哲学家培根引原子论者为同道，此做法无疑促进了后来的自然科学复兴。

然而在古代，比德谟克利特略晚出的两位当时最伟大的思想家——柏拉图和亚里士多德并没有给予原子论应有的重视。亚里士多德去世后的两百年间，是数学和天文学飞速发展的时期，涌现了一个又一个灿若繁星的名字：欧几里得，他的《几何原本》两千年来一直是最权威的教科书；厄拉多塞，测量地球周长的第一人；阿基米德，杠杆原理的发现者；以及被后世敬为天文学之父的喜帕恰斯（Hipparchus，前190—前125）。但在这些伟人的研究领域，原子学说并非亟需。

第三章 亚里士多德·伊壁鸠鲁学派·斯多亚学派

伊壁鸠鲁学派

然而在这一时期,有一哲学学派却将原子论当做自家理论体系的根基,他们之所以这么做,不在于原子论有什么科学用途,却在于原子论与神掌管世界的学说相抵牾。该哲学学派将有神论视为影响人类最甚的毒瘤,因为有神论使人害怕死亡以及死后世界。在较为晚近的年代,科学家往往抱持原子论与有神论双重观点,一般认为原子是"被造的微粒"(*电磁学家麦克斯韦的说法*),天地间还存在着非物质的存在,这些存在完全不由原子构成。相比之下,古代的原子论者则认定,唯原子永存,除原子之外,只剩虚空。将原子论作为一味药,来疗治宗教带来的白色恐怖,我这里提到的哲学派别便是伊壁鸠鲁学派。

伊壁鸠鲁学派在很早的时候就成为肉欲主义者的同义词。不过,这主要是因为肉欲主义者称自己的人生信条合乎伊壁鸠鲁派的原则:快乐是最主要的善,而并非创始者伊壁鸠鲁(前341—前270)——伊壁鸠鲁的人格与学说即便在其反对者那里都收获了敬意——或其重要门徒宣扬纵情声色的生活。

人尽可能地趋乐避苦,像伊壁鸠鲁那样,过一种有尊严的宁静生活,身边有三五知心好友,没有尘世俗务的纷扰,也免于对未来的忧虑,——这一切都无可厚非。但同样无可否认的是,总有人会这样以为:昼短苦夜长,投身声色犬马的堕落生活才是真正的快乐人生,遇到这样的人,伊壁鸠鲁者再如何正派,也很难让他们接受人间有正道的说法。

斯多亚学派

伊壁鸠鲁学派从摇篮时期就遭遇另一学派的猛烈抨击,该学派也一样诞生于公元前4世纪末。它的创立者是芝诺(前334—前262,并非巴门尼德的学生芝诺),但并不叫芝诺学派,而因芝诺在希腊广场的壁画柱廊("柱廊"希腊文作Stoa)聚众讲学,得名为斯多亚学派。对于"享乐乃是至善之事",斯多亚学派予以反对,认为"至善在于德行"。

两大学派之间的尖锐对立,在几百年间也使罗马帝国疆域内的绝大多数知识人分为两大阵营。《新约·使徒行传》

第三章 亚里士多德·伊壁鸠鲁学派·斯多亚学派

中,使徒保罗在雅典城中遇到了"伊壁鸠鲁和斯多亚两门的学士与他争论"。这两个学派的主要兴趣点并不在于获知宇宙间的终极真理,而在于探究何种生活是真正最值得过的。

斯多亚学派将"与自然相一致的生活"(即道德的生活)视作最美好的生活。宇宙是有秩序的、完善的整体,并趋向一个不变的神圣目的,它给了人类一个位置,人应该勤奋而愉悦地尽其道而行之,这是在变动纷扰的人世间里获得宁静的唯一秘方。可惜的是,智性活动或科学活动原本在柏拉图和亚里士多德眼中被视为有助于提升道德,到了斯多亚学派这里则尽弃之,而伊壁鸠鲁派用它来驱除迷信,除此之外充其量是一种业余消遣。

由此很容易理解,伊壁鸠鲁学派为何对于科学(或哲学)研究的贡献微乎其微。伊壁鸠鲁学派将德谟克利特的原子说视如己出,但在将原子说作为一种对实在的终极描述遇到反对意见时,他们未做任何应对,原子说也未能表现出作为科学描述与发现之工具的巨大潜能。

虽然有个别斯多亚派人士在自然知识领域颇有建树,但整体而言斯多亚学派也未能对除道德思辨之外的领域发挥重要推动作用。斯多亚派的自然哲学主要来源于赫拉克利特的火本原说和"逻各斯"的思想，并认为存在着一种弥漫于宇宙万物之中的普遍法则，即神圣理性。该神圣理性就像《所罗门智慧书》的形容，"强有力地渗透到世界的每一个角落，把一切都安排得井井有条"，它不是非物质的精神，本性上异常炽热。

我们可以看到，伊壁鸠鲁学派和斯多亚学派，二者都将实在等同于物质，退回到了柏拉图之前，而柏拉图是清楚区分实在与物质的第一人。两大学派的主要兴趣点在他处，也即在这世界上如何安身立命。这要与两大学派兴起的时代背景联系起来。伊壁鸠鲁和芝诺讲学的时候，雅典的城邦时代已经成为绝响，当圣保罗遇到两大学派的门人时，整个希腊世界早已向罗马皇帝臣服。早在苏格拉底时代，像雅典这样的主权城邦，其公民可主动参与行政、军事或者司法领域各种事务，如今已成一缕往事，身为被统治的帝国臣民，上述一切与己无涉，内心时时刻刻处于焦虑之中。

不过，我们可以看到，这样的学说非常"苏格拉底"。苏格拉底是奉公守法的好公民，在很多情况下却激起了信奉者强烈的不服从精神,对传统准则不屑一顾,在其他人看来,极有伤风化,不利于维系爱国心。与此同时,苏格拉底不使自己卷入名利追逐中,保持人格独立,也激发了两名同时代伟大人物:阿里斯提波(Aristippus)和安提斯泰尼(Antisthenes)热烈地悬个人自由为鹄的,他们将老师苏格拉底的理念推到一个极端。

以此为垫脚石,两大哲学学派腾空而起。其一是居勒尼学派(Cyrenaic),得名于阿里斯提波的故乡居勒尼城(位于今天北非的黎波里)。该学派认为,人要活在当下,不应被过去和未来所烦扰,因此对于快乐就应该来者不拒,只是不能被快乐支配,而应该成为它的主人。

安提斯泰尼的学派则大异其趣,追求的是相似目标,采取的途径却完全相反,即过一种极端简朴的生活,对于生命中可以放弃的东西,就毫不留情地断舍离。它最知名的代表人物第欧根尼每天住在木桶里,此事想必每个人都听说过。第欧根尼(323年去世)有一只水杯,后来他看到一个孩子用手掌捧水喝,就把水杯扔掉了。该学派被称为犬儒学派(Cynic),轻视一切世俗准则甚至体面的生活。Cynic在希腊语中的字面意思是"像狗一样",后来这个词也成了第欧根尼的别名。直到今天,我们仍旧将对人类情感的冷嘲热讽态度,称为cynicism。

不管是居勒尼学派,还是犬儒学派,两派的见解都已然偏离传统太远,即法律和习俗是凝于个体生命血液中的东西。犬儒学派首先提出,个人不属于某个特定城的公民,而是世界公民。这两个学派分别为伊壁鸠鲁学派和斯多亚学派开辟了道路,不过内容不是完全一致,所以当后者兴起,前者仍然独立存在。伊壁鸠鲁学派的理想是过一种尽可能远离痛苦的生活,而居勒尼派则贪恋及时行乐,——虽然并非是要做快乐的奴隶。犬儒学派和斯多亚学派都旨在过一种遵从自然的生活,不过对犬儒学派来说,这样的生活,人工痕迹要尽可能少,因此像动物般地活着庶几近乎理想;斯多亚学派则突出人在天地间的特殊地位,其终极理想就是听从理性指引,建立一个所有人在神圣理性指引下和谐共处的世界国家。

斯多亚学派全心全意地信仰人类神圣而命定的天职,这是该学派的最典型特征。斯多亚学派所秉持的"世界公民"

第三章 亚里士多德·伊壁鸠鲁学派·斯多亚学派

观念,和之前的犬儒主义不完全一样,它不仅是对狭隘的地方公民观的摒弃,其实更是真挚地表述了如下思想:身为浩瀚天地的居住者,对四时有序、天道流行的宇宙所怀抱的忠贞感情,一点不输给国民对不完美祖国的深沉爱国心。斯多亚主义者、罗马皇帝马可·奥勒留在《沉思录》中感叹:

> 诗人能把雅典称为亲爱的西克洛普(传说中雅典的第一位国王)之城;我不是也可以把宇宙唤作亲爱的上帝之城?

这就是为什么,在希腊所有哲学学派中,与罗马统治者相处得最为融洽的学派当属斯多亚学派。斯多亚学派创始人芝诺去世后不到两百年,罗马人就成为了希腊世界的主人。希腊哲人对知识和美的热爱,对微妙学问的全心投入,以及对精致情趣的培养,这一切都与罗马人志趣不相投。罗马人崇尚的是纪律和责任,因此在罗马人看来,轻浮的希腊哲学实在有伤风化。不过斯多亚学派不怎么招致这样的指责。斯多亚学派将整个世界视为上帝治理下的共同体,每个人都应该小我服从大我，将个人私利置于集体利益之后，这样的人生观与罗马传统非常相契。

斯多亚学派信奉的是无处不在的神圣理性，所以对现存宗教习俗敬而远之，并且对于这些宗教习俗，只要有可能就给出一个与斯多亚哲学相吻合的解释。在斯多亚学派看来，宇宙间的所有事件都是被严格决定或预定的，因此观来知往的开悟者，完全可理解为何占卜者从献祭的牺牲那里可预知一场战争的胜负。如果说，斯多亚学派的道德和宗教气质使它在罗马得到欢迎，其实罗马人的天性中也有与斯多亚哲学暗合之处。这也就是加德纳（P. Gardner）在《基督教的发展》（*The Growth of Christianity*）一书中所概括的："正义和法律观是罗马人区别于古代众多民族的特异之处，也是罗马法律制度的根基，正是在此基础上，罗马城自建成后，社会如此稳定。"而对于支配所有理性生物的自然法则，斯多亚学派早已耳熟能详，因为该自然法则正是充盈天地间的理性（也即上帝）的表达。他们发现罗马法是一个值得根据神圣理性来锻造的好材料，而罗马法的发展也有赖于法理学家从神圣理性那里汲取灵感。

第三章 亚里士多德·伊壁鸠鲁学派·斯多亚学派

斯多亚学派的著作大多只剩下残卷，只有后期或罗马斯多亚主义者有完整作品传世，如塞涅卡、爱比克泰德、马可·奥勒留。塞涅卡与马可·奥勒留都是政治风云人物。塞涅卡（3—65）在学生尼禄执政早期，担任过顾问官。马可·奥勒留贵为罗马皇帝近二十年（161—180）。爱比克泰德（约55—135）年齿幼于塞涅卡，又比马可·奥勒留年长，他的出身是奴隶。马可·奥勒留皇帝将读到爱比克泰德的著作称为他生命中最值得感激的事情之一，并私淑之。这两位哲人，外部境遇如此悬殊，在精神上却如此相近，不知多少有思想的后人在面对自己人生中的鏖战时，从他们那里得到了力量与慰藉。

爱比克泰德和马可·奥勒留毫无疑问属于那"变化气质，归于纯粹"的一小群圣人。而塞涅卡，无论从其生平行事，还是从他自我显露、不太真诚的文字风格，都无法使我们得出同样结论。但是，几乎没有别的古代作家能像塞涅卡一样，对现代欧洲的道德情感起到如此大的塑造作用。现在，对塞涅卡的第一手研究已经不像中世纪和随后的文艺复兴时期那样声势浩大，但很多人会惊讶地发现塞涅卡对欧洲文学所施加的直接和间接影响是多么巨大。莎士比亚话剧《一报还一报》中，假扮成教士的公爵对狱中克劳狄奥的一番开解便是很好的例子。与死亡和解的方法在于觉解生无可恋，死亡只是一种解脱。如果有人疑惑公爵和克劳狄奥的这段对话为什么无甚新意，并未超过天主教教士的水平，那么请记住：所谓受过教育者心目中的正统基督教几乎等于塞涅卡的斯多亚主义。当我们心目中的哲学家形象（"像哲学家那样忍受"），或者当莎士比亚在《无事生非》中这么写道：

> 就是那些写过洋洋洒洒的大文的哲学家们，
> 尽管他们像天上的神明一样，
> 蔑视着人生的灾难痛苦，
> 一旦他们的牙齿痛起来，也会吃不消。

这种刻板印象也是来自塞内加。因为斯多亚学派认为，圣贤集智慧与美德于一身，而上帝是智慧与美德的集大成者。在这一点上，以及在其他种种方面，斯多亚学派和基督教往往

第三章　亚里士多德·伊壁鸠鲁学派·斯多亚学派

相混淆，但是这两门宗教（至少在后期，斯多亚学派已经发展成宗教）的区别也是显而易见的。我们要牢牢记住，斯多亚主义者认为，达到这一高度的圣贤之人凤毛麟角甚至没有，而基督徒会认为有且只有一位，那就是耶稣基督。

上文中，我提到斯多亚学派变成了一门宗教，并将它与基督教进行比较。实际上，我们抵达了哲学史的一个新阶段：在世人看来，哲学应有宗教功能，否则就应靠边站，让宗教直接作为哲学登堂入室。要理解这一阶段，就必须审视一下宗教与哲学的相互关系。

第四章　基督教的到来

对灵魂得救的焦虑

哲学包含了什么？这个神妙的大千世界，其本性究竟是什么？宇宙从何而来？宇宙之外是什么？当开始问自己这些问题时，每个人都不可能完全摆脱各种预设。在远古时代，祖先们朦朦胧胧感到自己被神秘之物包围着。它是那么不可索解，那么诡谲陌生，人类深感恐惧，又夹杂着与之建立关系的期待，期待由此过上一种更安全、更自由强大的生活。

在人类的漫长历史中，对神秘之物的恐惧，与之打交道的欲望，再混杂着敬畏、好奇等这些非功利化的情感，会在某个民族中催生自我克制、各种仪轨与传说,以应对身边的神秘力量。

所以当哲学家开始进行哲学思考时,对于他想要着手的谜团,他一定已经熟悉传统的解决方案,不管是否会在自己的研究中动用这些线索,有一件事情是确定无疑的,那就是他不可能不受其影响。但哲学的核心精神就在于,在参验以考实之前,决不预设某前提为真。所以,无论是一场新哲学运动的发起者,还是哲学初学者,都必然从一开始就对宗教采取一种独立态度,而这一独立态度若无法得到传统人士的容忍,便极容易招致仇恨。

哲学与宗教之间的对立,既自然又不可避免,在历史上一再重演。对立的根源在于二者所关涉的实为同一对象。不过,这不等于说,哲学必定是一种比宗教更好更高级的解答方案,最后能取代宗教。如果对大自然的起源和运行的解释是宗教的全部,哲学也许会取代宗教,但宗教不限于此。人类从未停止在天地间寻觅能满足自己的敬畏本能和崇拜冲动的对象。这类经验只能在某些宗教中找到合适表达。人类感到作为整体的现实世界有其最深内核,正因为宗教是对此内核的一种回应，所以人类本性必然置身其中。一旦人类精神水平发展到一定高度，哲学应运而生时，宗教便无法忽视甚至躲避哲学的批评，从王座上逊位，不再宣称宗教是人类对神圣的全部回应，就像哲学不能无视宗教对终极实在的体验，毕竟哲学所致力的正在于理解终极实在是什么。

整体而言，希腊哲学从早期就显示出相对于宗教传统的惊人独立。从泰勒斯到阿那克萨戈拉之间的漫长世纪，宗教人士倒是并未对哲学抱持多少敌意。此中缘由也许如下几个。在古希腊，祭司阶层——其利益端赖于旧观念的存续——并不强大。也没有一部被广泛接受为救赎之书、而其表述与哲学学说相冲突的圣典存在于古希腊社会。哲学家的思辨，与民间流行的神祇故事相距遥远，他们对宗教仪轨冷漠视之，也无心去修正或终止它，这样的态度便不会激起对哲学家的宗教迫害。从公元前5世纪中叶到前4世纪中叶，希腊的民主导致了三件著名的不宽容事件：第一，阿那克萨戈拉因亵渎神圣的日月，而被驱逐出境；第二，处死苏格拉底；第三，指控亚里士多德不敬神，这导致亚里士多德决然弃雅典而去，据他自己说，这样做是为了"避免雅典再一次对哲学犯罪"。不过这三起例子里，除了宗教原因之外，还有来自其他方面的敌意。有些名人在政治上失势，同一圈子的哲学家也受到了牵连。另外，对思想自由的这些敌对行为也并未完全伤害哲学的独立性。

在极具独创性的毕达哥拉斯学派那里，我们已经看到，一场科学与哲学的运动与宗教复兴结合在一起。不仅是对神圣力量的崇拜，与此同时也复活了一些旧观念与旧实践，这些旧观念与旧传统看起来更像是属于未开化而非文明的希腊人，虽然后来毕达哥拉斯学派弃用了一部分，或者仅从象征意义角度去解释它们，但宗教脉络从未淡出该学派。从毕达哥拉斯学派对灵魂修炼的着迷，可以看到它的宗教因素。着迷于灵修，与将系名于奥菲斯的作品视为神启的一些宗教团体很相似，有可能是来源于后者。

在人们开始为自己而思考和感受的时代，每个人都有宗教需求，这些宗教团体认识到了这一点，从而使旧有的城邦宗教相形失色。城邦宗教中，个体只有作为城邦或社区的成员，才能拥有接近神祇的权利（或义务）。同样地，对每个人都有宗教需求的认识，也导致了毕达哥拉斯学派着迷于个体

第四章 基督教的到来

灵魂，并表达在灵魂转世学说中。在这一点上，毕达哥拉斯学派与爱奥尼亚的哲学家形成了鲜明对比。爱奥尼亚哲学家们的世界观，立足于对大自然的纯科学研究，因此对他们而言，所谓人类灵魂可以跳出自然规律、免于朽坏这样的观点不亚于无稽之谈。

奥菲斯教和毕达哥拉斯学派的存在，充分说明了早在古典时期，希腊人（甚至包括希腊哲学家）对于灵魂得救不乏焦虑。不过，从公元前4世纪（亚里士多德去世，他的学生亚历山大大帝东征西战），到公元4世纪基督教被确立为罗马帝国国教的几百年间，对灵魂得救的焦虑越来越炽盛。这段时期常被叫做希腊化时期，因为此时走上历史舞台的不再限于希腊人，更多是希腊化的其他国家或民族的人士，他们读写着希腊文，说着希腊语，实践着希腊习俗，并遵听希腊思想家的教诲。虽然很多有识之士继续致力于推进希腊文明传统，但其气质已经与古希腊哲学的精神不类，也偏离了古希腊哲学的常识和自力更生，它对科学的好奇，可用现代术语形容为唯实论（realism）。毕竟在任何地方，即使在古希腊，我们现在意义上的哲学——对事物之为事物的单纯理解——只能吸引很少的人。更多人所寻求的，超出了哲学的能力范围，他们在寻求更加实用的答案，以回应后世诗人罗伯特·布朗宁所谓的：

五十个希望和恐惧

就像人生一样既旧又新。（*Bishop Blougram's Apology*）

在风雨飘摇的时代，病态的焦虑会折磨着人们，"叩击、进入他们的灵魂"。

我们正在讨论的这个时代，人们从稳定的小小世界被抛掷出来，原来的那个小天地里，生活被各种习俗占据，并没有给"我必须要做什么才能得到拯救"这样的问题留出多少空间。而现在，人们置身于一片争论的汪洋，耳边充斥各种对立喧嚣的声音，却没有哪一种声音具备绝对权威，给予个体毫无疑问的信心。如果从某种意义上说，这是一个"勇气的失败"的时代（J.B. Bury 引用自 Gilbert Murray, *Four Stages of Greek Religion*, p.8），那么从另一个方面看，这也

第四章　基督教的到来

是对人世间善与恶的大战的一种敏锐感觉。这种敏锐感觉，聚焦于人类的灵魂，就像最伟大的希腊哲学家柏拉图所指出的，是对个体人格更锐利的意识，只有在内心深处经历了一场精疲力竭地护持人格、以免它破碎的斗争之后，这样的锐利意识才能形成。

在这样一个时代，之前并不重要的个人意志自由问题逐渐浮出水面，成为焦点，对此我们不必奇怪。关于意志是否自由，伊壁鸠鲁学派和斯多亚派持相反态度，前者认为个人意志是自由的，斯多亚学派则认为个人意志是被决定的。乍看起来，似乎有违常识，因为现在我们通常将宗教动因与自由意志相关联，而与宗教比较亲近的是斯多亚学派，伊壁鸠鲁学派则反之。不过我们必须要看到，从一方面看，在斯多亚学派这里，自然界井然有序，其中并没有给自由意志留下位置，此一有着不易秩序的自然等同于天意（divine prudence）。另一方面，毫无疑问可以说，最深沉的宗教心灵是那些最执着于思考意志自由、为自己找出救赎道路的人。他们内心更经常是充满了对自己的强烈无力感，从而将自己所做的善事归因于神的恩典。

这个时代的所有哲学，其核心问题是人应该追求什么样的终极目标。亚里士多德通过追问人的终极目标，陈述了伦理学所涉的问题。不过，对亚里士多德来说，伦理学位于哲学的边缘地带，而对于斯多亚学派和伊壁鸠鲁学派而言，伦理学是哲学的中心。对这一问题，这两个学派各自提供了言之凿凿的答案，但与此同时一股强烈的怀疑论倾向也在这个时代汹涌而来，也即开始怀疑终极问题是否不可索解。柏拉图的学园成为怀疑论倾向的大本营。从长远来看，在这个寻觅宗教信仰的年代施加最大影响力的，既非伊壁鸠鲁学派也非怀疑论派，而是斯多亚学派。为什么斯多亚学派能"胜出"呢？这要从他们对宇宙秩序是预先注定的虔信态度来解释。在斯多亚学派的发展过程中，这一宗教脉络始终鲜明。斯多亚学派的第二代掌门人克利安提斯（Cleanthes，原先是位搏斗拳师，后皈依该学派）在《宙斯圣歌》中如是说：

引领我吧，哦宙斯，还有您——命运，去往您给我指定的去处。我必跟随，绝无迟疑。虽然我罪孽深重，良好意愿并不一定如愿，然而我必竭力跟随。

四百年后,我们在马可·奥勒留的《沉思录》中找到回响:

> 人生这场戏是否已经完成,要由当初编戏的和现在宣布散戏的人来决定。你不负任何责任。平心静气地离去吧,就像那让你离开的人对你也是很平心静气的。

不过后期斯多亚学派,特别是塞涅卡,开始深切感受到人性的软弱,于是一种较为温和博爱的精神开始削弱斯多亚学派原本的苛刻特质。这使得他的作品与同时代人使徒保罗的文字具有某种相似性。从公元4世纪开始,就传说二人过从甚密,或至少有过通信。而当使徒保罗所传的基督教在欧洲一统天下之后,这一传说使得塞涅卡在后世教父们那里得到权威地位。

基督教与哲学诸流派的关系

本书作为一部哲学史,对于世人苦苦寻觅一个智性上、道德上和情感上比古希腊文明遗绪更优越的宗教的那个时代，即基督教是如何在与各种思潮的激烈竞争中胜出的，没有必要细细交代。但基督教对后来的欧洲思想史影响实在太大，所以对于基督教教义与基督教兴起时流行于欧洲的哲学学派之间的关系，以及基督教对当时的哲学相关问题的回答，我们必须予以应有的留意。

基督教孕育自犹太民族。在先知的引导下，犹太人始终认为他们的上帝是唯一的真神。上帝以智慧与正义，创造了整个世界。希腊人则在柏拉图和斯多亚学派的引导下，也认识到了神性的统一存在，在世界的秩序中寻找神圣的智慧与正义。但是古希腊哲学家在他们自己的神学里已经去掉了民间宗教的不当成分与迷信成分，因此无心于改革民间宗教。在斯多亚学派登上历史舞台之前，哲学家们对民间宗教通常只是持鄙夷的宽容态度。即便斯多亚学派也未全力改革民间宗教，民间宗教最不堪的一些特质，在他们看来也只是无害的象征符号。偶然用宙斯之名来称呼神明，几乎是古希腊哲学的神学与城邦宗教传统之间唯一的关联。

柏拉图和亚里士多德眼中的宗教，是所有民族的共同宗教，而非仅仅是希腊人的宗教。犹太先知则深切关怀如何将神学与同胞们的宗教联系在一起，当然这部分由于他们是先知，而不是哲学家。他们的万神之神——唯一上帝仍然是以色列人的上帝。

基督教在这方面跟随着先知们。耶稣曾说，"莫想我来要废掉律法和先知；我来不是要废掉，乃是要成全"。使徒保罗虽然与犹太人社群及律法一刀两断，但他并不认为他所传的教是一个崭新的宗教。基督教徒——不管犹太教徒还是非犹太教徒——继承了之前以色列人的"特权"，上帝如今"做好准备"接纳所有皈依基督教的子民的精神礼拜，虽然礼拜的形式与以色列人单独作为上帝子民时已经不一样。基督教由此拥有了一个能与希腊哲学所达高度相匹敌的上帝概念，同时其信众又不局限于哲学学派，而是扩展到由广大教友组成的宗教团体。在当时，基督教信众的礼拜方式五花八门，有埃及式的、叙利亚式的、波斯式的，目的都是一样：追求比旧城邦宗教所宣称可以给予的人神互动还要亲密的人神交流，这些礼拜方式为了赢得更多信众而相互竞争。

甚至如亚历山大里亚的斐洛或《所罗门智慧书》的作者

这样独立于基督教崛起运动（但与之同时代）的犹太思想家，都曾在柏拉图和斯多亚学派的哲学中找寻他们宗教信仰的明证，甚至将其作为理解《圣经》内在意义的一把钥匙。基督教也对这些哲学显示出了最大的同情。当时，基督教与哲学站在一起，反对与哲学心智不兼容的各种迷信。甚至，不少哲学家所支持的占星和卜筮行为，在基督教里都难觅其踪。基督教的礼拜中，没有动物献祭，没有一丝一毫的淫秽成分——在许多宗教里，至少在边缘地带，礼拜中的淫秽成分始终挥之不去——而且在最初的时日里，连画像、焚香等感官刺激都阙如，直到几百年之后，教会才会采纳它们。实际上，基督教的这些特征与犹太教并无二致，但基督教摒弃了犹太教的民族偏见，也去掉了日常生活中的各种繁复规定。

与伊壁鸠鲁学派不同，基督教和斯多亚学派有严苛的行为标准，并且都有对世界由神统治的深厚信仰。伊壁鸠鲁学派将大自然的运行视为原子的永恒运动，其间并无任何预先设定，而斯多亚学派和基督教则认为世界有末日，现存的万事万物都将朽坏。世界末日，在斯多亚学派这里是从物理学理论中推导出来的；而在基督徒这里，是上帝敕令在未来的实现。在世界末日到来之际，所有人都将面临道德审判，新天新地展开，为善者得到永远的救赎，作恶者下地狱。基督教对世界末日的信念，并非像希腊哲学家那样，来自于由科学好奇心所激起的沉思，而是得自权威，并且因上帝的正义而得到证明。因此，伦理学在早期基督徒的世界观里，比在斯多亚学派的哲学里，处于更为中心的位置。

虽然在某些道德行为方面，基督教与斯多亚学派达成一致，不过二者的区别也很鲜明，基督徒以实现道德律则为目标，不是以个人一己之力，而是来自上帝的恩典。和犹太人、斯多亚学派一样，基督徒也把自己视为上帝的子民，但犹太人是凭民族身份，斯多亚学派是凭个人权利，而基督徒则是凭着加入上帝之子耶稣的团契而成为上帝的子民。在这里，以神圣救赎者为中介（mediation），基督教信仰与对人类之软弱性的意识不期而遇——此意识在当时甚至生动呈现在像塞涅卡这样的斯多亚学派代表身上。

实际上，在这个时期，意识到人类软弱性的宗教信仰不仅限于基督教。但只有在基督教这里，救赎者"道（圣言）成肉身"：耶稣过着极其卑微的生活（但出身奴隶的爱比克泰德无疑更卑贱），被处死在十字架上（像苏格拉底那样受到不公正审判），就这样活过，传教过，然后死去，以至于视爱比克泰德、苏格拉底为圣贤典范的人们，包括从哲学学派皈依基督教的殉道者查士丁，也认同耶稣基督为对神圣理性的至高启示，这一神圣理性也遍布每个人。

基督教与柏拉图主义的联系，正是在于这一中介原则。在柏拉图最重要但又最为艰涩难懂的作品《蒂迈欧篇》中，柏拉图提到了为万事万物提供形式的理型，即上帝所创的可见世界是对理型的摹仿。在基督教登上历史舞台的这个时代，人们热切渴望接近完美的上帝，却以无限距离而告终，一种深沉的挫败感挥之不去，于是开始认为也许有一种中介之力，可以越过鸿沟，连接上帝和人。柏拉图的上述表达被视为对此一思想提供了最高的哲学证明。被创世界的理型可以等同为道（圣言，word）或者耶和华的使者（先知代表上帝行事、说话、降灾难、传报佳音），基督徒认为耶稣便是道成肉身。

基督教教父奥古斯丁在《忏悔录》中有一段著名的段落（第7卷第9节），提到他阅读了柏拉图主义的著作，与四

第四章　基督教的到来

福音书开篇部分（"在元始已有道，道与天父同在，道就是天父；这道于元始即与天父同在，万物由此而成，没有他，便没有受造；凡受造的，在他之内具有生命，这生命是人的光。"），虽则文字不同，而意义无别，并提供了种种论证。奥古斯丁同时又说，"道成为血肉，寓居于我们中间"，在柏拉图学派著作中却读不到。

这向我们揭示出，虽然奥古斯丁所处时代的柏拉图主义（我们现在称之为新柏拉图主义，下文会详细介绍），在中介学说方面与基督教有异曲同工之妙，但二者之间的区别在于：通过此中介，后期柏拉图主义旨在使物质世界（我们的肉体属于这一世界）与神圣的善保持距离，基督教则致力于让神圣的善下凡，来到这个世界。耶稣的道成肉身，便是此目标的实现，他既是神又是人，拥有真正的人类身体与灵魂。该理论在后来成为正统教义，在众多理论中，唯有它能满足基督徒的精神需求：加入基督教团体，与耶稣同在，就实现了与上帝和好（reconcile）。耶稣如果是超自然的存在，拥有幽灵般的身体，徒具受折磨或死去的表象，或者拥有人的身体，但无人类感觉或感情，再或者不管他是人还是超人，与至高无上的上帝并非真正一体，在以上几种情况下，耶稣皆不可能完成他的使命。因此，将耶稣描述成上述情况的理论，都将被斥为异端邪说。另外，人借着耶稣与上帝合一，也是出于同样考量，削弱中保（耶稣）与两方（上帝和人）之任何一方的联系的做法，或耶稣之外有可能存在其他中介的想法，都是应予以摒弃的。

另一方面，如果我们转向当时一定程度上基督教化的宗教哲学（通常归在诺斯替教派这一大类中），可以看到，诺斯替教派所谓的"诺斯"（灵知）是神与人之间的一系列中介链。诺斯从使者们的启示而来，包含了一个理论体系的所有因素，而且在实践层面，"诺斯"还蕴涵为其将来攀升所作的仪式上和巫术上的准备以及通过各重天的神秘名字和话语。有了这种秘密的"诺斯"，死后的灵向上攀升，不断地将每重天所强加的属魂外壳抛弃，达到世界之外的神圣领域，与神圣者重新同一。拒绝与基督教合流的柏拉图主义的最后一批代表者亦持类似观点。将实存区分为不同种类，以发现现实的结构，为了使神性免于物质的污染，以及基督教步步紧逼下为如今正在式微的异教正名——分别来自哲学、宗教和护教方面的这三大心理动力，更使得柏拉图主义认定有各个等级的神圣存在。

非单一中介的思想倾向也影响到了基督教本身，体现在实践方面是圣徒崇拜，理论方面则是基督徒与救世主之间的天界组织等级，作者为伪狄尼修（约公元6世纪，他冒用了因使徒保罗亚略巴古讲道而皈依基督教的雅典大法官狄尼修的名字）。伪狄尼修的理论一度拥有极高权威，被誉为福音书的指南。伪狄尼修的天使等级虽然后来重现于但丁笔下的天堂，但在基督教信仰中从未"喧宾夺主"。而圣徒崇拜虽然比较盛行，但从未有公开观点宣称基督徒要通过圣徒才能接近唯一的中保（耶稣基督），圣徒也并不被认为拥有神性，因为根据基督教教义，耶稣基督是唯一拥有神性的人。

基督教对哲学的贡献

以上梳理了基督教与发源更早的哲学诸流派之间的关联，接下来我们要讨论基督教对哲学关键问题和可供哲学讨论的概念方面的贡献。

很多问题经由基督教而获得了崭新的重要性，其中之一便是神格和人格，而这要拜基督教影响下所取得的宗教体验所赐，使个体的人格感得到深化。对这一宗教体验给予表述的努力过程中，上帝的三位一体（trinity）和恩宠（divine grace）等重大概念应运而生，它们对哲学家而言也有十分强大用处。

在深化人格感这一方面，基督教只是推进之，而非首创之，我们可以看到此过程早已肇始多时，而且此过程正是这一历史时期的鲜明特征。不过，基督教是最好的推进者，因为基督徒的宗教体验正是与上帝的一对一交流。首先，基督教继承了犹太教关于上帝只有一位的信仰，这不仅仅意味着活跃在自然界中的各种力是某单一力量源或生命的显示，更意味着我们在人类各种活动中认识到了德性的统一。其次，上帝不只是思辨的对象，以求得到对神格的清晰定义，而是有具体所指，那就是耶稣呈现在历史中的个性。第三，根据耶稣的教导，只有在对他人（特别是基督徒）的服务中，与耶稣的一对一交流才能实现："我实在告诉你们：这些事你们既做在我这弟兄中一个最小的身上，就是做在我身上了。"

(《马太福音》25：40）

智性好奇心一旦在这种宗教体验中被激起，它不可避免会聚焦于这一问题：上帝、人，还有作为中保的耶稣具有何等特性，使一对一交流成为可能？

这些问题点燃了智性好奇心，也点燃了其他激情，它们所引起的争论很难说隶属于哲学史。但是这些论争的结果却与哲学史形影不离，原因在于：这些论争结果包含了基督教共同体经过长期思考之后所形成的对相关问题的常识，由此建构出的一整套教义，在基督教统一欧洲的时代，不可能不在对同样问题进行更深入探询的哲学家那里留下烙印。

虽然这些问题关涉的是上帝与人的相互关系，但注意力首先聚焦在神性方面，人们问道：在何种意义上，中保（耶稣当然也是人）被认为是上帝？接下来，又从另一面提问：当人执行上帝意志（当然只能在上帝恩典的帮助下），在何种意义上，人可以自诩些许功劳，以及可以将多少功劳归在自己身上？

公元3—4世纪由基督教神学家所提出的关于神性的问题，也是同时代哲学家讨论的对象。这些与基督教教义持不同观点的哲学家即上文中提到的柏拉图主义者，不过鉴于他们的学说与柏拉图已经有很大区别，现代哲学史家将他们称为新柏拉图主义者。

新柏拉图主义者和同时代的基督教思想家一样，都认为由宗教所带出的哲学问题至关重要。而由自然科学所带出的哲学问题——与身体有关，而非与精神有关——则变得无足轻重。3世纪的普罗提诺是最伟大的新柏拉图主义者。在他对最高本体的思辨里，在与最高本体的领悟与合一中（人类最高尚的灵魂追求可由此得到满足），普罗提诺将一部分古希腊哲学家的思辨继续推进下去。这部分古希腊哲学家先贤，并未像伊壁鸠鲁学派那样完全拒绝如下设想：精神原则或神圣原则在这个世界显示其自身。在世上处处看到神圣天意之展现的斯多亚学派便是其卓越代表。另外还有亚里士多德，他将宇宙中的运动解释为受到最高本体的吸引所致。最高本体是一切事物最后的目的和运动的最终原因，它是不动的，永远处于以自身为对象的默想（纯粹自我观照）中，充溢在这永恒和自足的幸福中。在柏拉图这里，万事万物的恒常本质能为人类的智慧所掌握。《蒂迈欧篇》中，柏拉图不仅

第四章 基督教的到来

提到这一永恒神智（努斯），还提到不生不灭的理型（永恒本质）世界，和我们所能感知的方生方灭的世界（理型的摹本）。柏拉图还将灵魂定义为"能够自己让自己动起来的运动"，这意味着，灵魂是万物所有转变和运动的原因。

这三层本体，都可以被称为神圣的。其中，第二层本体相当于永恒神智（亚里士多德视之为最高的本体），第三层本体相当于缤纷的自然世界（即斯多亚学派的神）。普罗提诺和亚里士多德不一样，不认为永恒神智对除自身之外本质的默想有损于永恒神智的尊严。或者可以这样说，对普罗提诺而言，永恒神智的本质包含了万事万物的主导原则（宇宙灵魂），因为大自然（宇宙灵魂）并非外在于永恒神智，毋宁说大自然是永恒神智的思想，对大自然的观想构成了永恒神智自身。

不过，普罗提诺的精神抱负并未在宇宙灵魂这里得到满足，也未止步于永恒神智的观想。他致力于复返最高精神本体（太一），与之合一。太一没有任何肯定性的特征，是不可分割的原初的一，对太一不能加以任何的叙述语；它超越任何区分性，甚至超越永恒神智（努斯）的知者与被知者之分别，虽然在努斯这里，知者与被知者是同一存在，只是为了获得自我知识而一分为二。因此，只有在摒弃所有区分的状态里，即神秘的迷狂状态（ecstasy），才能达到与太一的合一。

在这里，普罗提诺与柏拉图的取径有所不同。柏拉图眼中的迷狂状态，是低于哲学家体验的，在以思辨为最高状态的哲学家看来，迷狂状态只是黑暗的镜中场景。在普罗提诺的迷狂状态，是一种比思想活动更高级的状态，在其中思想并不活动。从这个意义上看，虽然柏拉图经常被称为神秘主义者，但普罗提诺才是真正担得起这个称号的哲学家。从普罗提诺的神秘主义，我们可以看到对个体精神生命的全神贯注——这可谓本章所论时期的最初几个世纪之思想特征。

热爱上帝的人追求着至善，当发现他的目标原来并不是最原初至高的善，便弃之而他顾，换过了一个又一个目标，直到最后，他"直捣黄龙"，用普罗提诺的话来说："孤身一人，投奔太一。"但不要忘记，社会成员的个性充分发挥是符合社会整体利益的，从长期来看，投身最孤单的精神之旅者是社会的巨大财富。个人走向上帝这一宗教热情是普罗提

第四章 基督教的到来

诺的哲学神秘主义背后的驱动力，个体通过这一宗教热情学会了在天地间为自己谋得独一无二的价值与地位。不仅人类总体，而且在每一个体身上，都有着特殊的永恒本质（理型）——这便是普罗提诺，而非柏拉图或亚里士多德，明白无误地表述给世人的。

不过在普罗提诺这里，三位一体中的太一至高无上，第二层本体（努斯）和第三层本体（宇宙灵魂）都是从太一流溢出来的。太一通过第二、第三层本体，便能在不直接接触物质的条件下，也使善在物质世界得到反映——这就是可见世界的秩序与美。因此，只有灵魂能够在迷狂状态中与真正的太一合一。在通往太一的向上阶梯，社会生活之美德只处于最低的位置。

基督教神学最终所发展出来的观点则与此不同。在圣子耶稣身上，在圣灵那里（它活跃在基督教徒的日常生活中），也在基督教团契的友爱中，人们见证了至高无上的上帝的永恒与必然因素之显现。

这样一个观点，不再将至高的上帝构想为自身不具有任何特质，换句话说，他最明显的特质可以在爱里寻到。第二，不仅哲学家和迷狂的圣徒，而且所有信仰耶稣者，包括基督教社群中最贫贱的成员，都得到了一条道路，直达至高的上帝。最后，在身为耶稣的道成肉身中，至高的上帝被认为与物质产生了直接碰触。

在笔者看来，对神性的如此诠释，显示出哲学上（以及宗教上）优越于普罗提诺的思想。将至高的上帝表述为天下人都能亲身接触，正如耶稣亲临人间，这就令历史与自然事件在它的宏大叙事中获得意义，而不像普罗提诺哲学那般不食人间烟火。这样一种哲学比普罗提诺哲学更契合于柏拉图精神。在柏拉图的《巴门尼德篇》中，巴门尼德告诉年轻的苏格拉底，不愿承认"头发、泥土、污垢这样一些微不足道的、卑贱的事物也有对应的理型"，是哲学上不成熟的表现。

将至高的上帝视为三位一体本身，而非三位一体中最高的那位，则具有更重要的哲学意义。从古到今最伟大的哲学天才都发现，描述作为整体的一组事物是很难的，更难的是描述作为整体的现实世界，因为这样做的话，似乎内部差异就是不真实的，如果我们如其所是地看待事物，差异会齐齐消失。为了逃离这个明显的陷阱，哲学家们经常落入另一个方向上的陷阱里。他们会把世间万物说得似乎完全相异相离，当谈论种或属时，所谓的整体只是存在头脑里，而非真实存在。然而我们知道，称事物为许多事物，就同时设定了它们的一体性：它们是许多苹果，许多人，或者至少是许多事物。那么，如果它们之间不存在真正的一体性，为什么要以共名来称呼它们呢？然而，无论它们之间存在何种一体性，这种一体性不可能是超越它们之上的，可脱离它们的，而只可能由它们所构成。

诚然，有一些组合体，即使去掉一二部分，也无伤组合本身。举个例子，一两粒沙对于整堆沙子谈不上有什么重要性。把一堆沙子分成两小堆或三小堆，对沙堆何损？但若将一个有机生命——如植物或动物——一分为二，除非极谨慎为之，这个生命体就会死亡，不复为一株植物或一头动物。生命越高级，就越不可能在分割它的同时，不伤害乃至杀死它。原因在于生命等级越高，丧失了一部分就不能用身上的另一部分替代。有些低等生物，如果被从里到外翻过来，它也能很好地重新适应，而这对高等生物则是不可能的。各部分之间的差异越大，它们就越是互相依存为一体。

再进一步地说，如果各个部分都能够意识到自身与整体，我们可以认为这是一种更高等级的组合。因此，人类社会这一组合体，虽然经常很不稳定，却是比生命体更高等级的组合。如果社会的各成员地位平等，同时又各有千秋，对彼此来说都不可或缺，又如果维系他们的是互惠之爱而非其他，那么这样的社会肯定将是理想社会。基督教神学将这一结构赋予至高存在：不是超越所有特质因此不可知的至高存在，而是在知识与爱的过程中逐渐揭示自身，教徒们通过这一过程以领略到上帝。无疑，基督教神学在欧洲的此一取径是十分有利于哲学思想发展的。

接下来，我们要从基督徒的宗教体验所引发的哲学问题，转向关注基督教神学家所提出的哲学问题，他们关注的是人的责任。相关的神学思辨并没有达成权威共识，因此不像关于上帝神性的正统学说，它的表述没那么明晰。哲学史家最为关注的话题是：在基督徒看来，宇宙秩序——基督教和斯多亚派一致认同它的神圣——与人类的关系，不是命定论的，而是"恩典"论的（《提多书》："恩典是从上帝白白得来，是他对罪人的接纳。"）

像伊壁鸠鲁派所借用的德谟克利特等原子论,对大自然进行了机械论的解释,斯多亚派则对这些理论一概嗤之以鼻,忽略其长处,并且将道德视为远比天上地下无生命物体的运动更重要之事。只要基督徒在这两个方面依旧跟随斯多亚派的脚步,那么斯多亚派的命定论和基督教的恩典论可能就不具有多大的哲学重要性。令人庆幸的是,成功对自然现象进行机械论解释,以及发现地球并非宇宙中心之后对人类渺小的那种震撼感,让人不复将生命体的自主活动与非生命体的运动判为有云泥之别,也动摇了我们对于意志自由最淳朴的信心。与此同时,在以恩典论代替命定论的这一教义体系训练下,人们意识到精神的自由,更能发展出一种强烈的抗拒心,相比之下,命定论教义则很容易让人无视精神与物质之间的区别。

人类的善行是来自于神圣的恩典,还是来自于自由意志,在公元5世纪初叶成为聚讼不已的一桩公案,并在随后的一千多年里,一再成为热议焦点。在当时,自由意志论和恩典论各自有其代表人物:伯拉纠是自由意志论的倡导者,他还是第一位享有思想家大名的不列颠人氏;奥古斯丁,公元 430 年以希波大主教的身份在北非逝世。奥古斯丁对欧洲思想和精神的发展进程中所施加的深远影响几乎无人能比肩。

奥古斯丁有过放纵迷惘的青春，后来将它写入《忏悔录》，这段人生经历让他体会到，人类天生容易向恶堕落，因此迫切需要神圣的恩典来反制它。在后来漫长的岁月里，当罪恶与道德无力感汹涌而来时，后人曾一次又一次重拾奥古斯丁的学说。对自己生命经验的尖锐分析，特别是他对记忆的研究，使奥古斯丁成为心理学的先驱。对个体灵魂的苦苦思索，是本章所论时代的一大特质，在这方面，奥古斯丁堪称集大成者。他受到普罗提诺神秘主义的极大吸引与影响，而我们可以看到普罗提诺主义是此趋势中最极端的形式。奥古斯丁经常以赞同的口吻引用当时的柏拉图主义文献，这在一定程度上保留了柏拉图哲学的吉光片羽，使之免于湮没在欧洲文明的黑暗时代里。当是之时，就像上文所引培根之言，蛮族的大洪水即将冲决而来，学问之舟面临倾覆的大幕已经徐徐拉开。大主教奥古斯丁缠绵病榻、不久于人世时，汪达尔人（汪达尔如今已成摧毁文明的野蛮人的代名词)将希波城团团包围。奥古斯丁在写于公元410年罗马遭哥特人洗劫后的伟大著作《上帝之城》中已经清楚表述了自己的确信:以罗马(俗称"永恒之城")为中心和象征的世间城邦,如今受到北方蛮族的铁蹄威胁,只有基督教会才能真正成为"永恒之城",也只有在这里,人类灵魂才能找到可安栖的永恒家园。

第五章　中世纪哲学

卡西奥多罗斯与波伊提乌

奥古斯丁去世后的一个世纪里，罗马落入蛮族统治。493年，东哥特人狄奥多里克（卒于526年）成为罗马国王，虽然目不识丁，但他选中两位当时的饱学之士卡西奥多罗斯（Cassiodorus）和波伊提乌（Boethius）参与政务。在西方文明风雨飘摇之际，卡西奥多罗斯和波伊提乌以全副精神，对学问进行各种抢救工作，以俟来哲。卡西奥多罗斯公元540年隐退，全身心投入学术和基督教生活。他创建的修士社团"猎园寺"（Vivarium）搜集了大量希腊文与拉丁文著作的手稿，令修士们誊录、研习。我们可以看到，伴随着这样的修士社团，一种宗教习俗逐渐生根：修士们从世俗生活中退出，开始过一种严格遵循基督教教义的生活，修道院也成为古典文献免于浩劫的最主要的庇护所。

七艺教育在这一历史时期确立为固定课程，卡西奥多罗斯《论七种自由技艺》一文，是此过程中起决定性作用的两三篇宏文之一，为古典文化留存了一丝血脉。七艺教育后来在中世纪自由民教育制度中呈一统江湖之势。所谓"七艺"，即：语法、逻辑、修辞、算术、几何、音乐以及天文。其中语法、逻辑和修辞是最基本的，合称"三艺"（trivium，英文中表琐碎的 trivial 一词便是来源于此）；"四艺"（算术、几何、音乐和天文）则是比较深奥的。七艺也是欧洲古老大学最初给予学位的七大学科。

中世纪哲学更直接受益于卡西奥多罗斯的好友兼同僚波伊提乌。波伊提乌出身于古罗马贵族名门望族，成为狄奥多里克大王的宠臣，约 520 年当上首席执政官，522 年不公正地遭叛国指控，囚于附近一城堡中，两年后被处决。波伊提乌在狱中写了一本小书，他把对柏拉图和斯多亚学说的沉思写成了《哲学的慰藉》。书中描述自己的际遇，反思了世俗幸福之不可靠，认为最高的幸福和至善在于上帝，劝诫人们弃恶扬善，哪怕世道险恶，仍旧有义务去信仰宇宙间的永恒和神意秩序。行文以与哲学女神对白以及诗歌的方式展开，虽然书中未曾提到基督教信仰，有传闻说波伊提乌很可能是基督徒，而且是殉教而死。到了中世纪，《哲学的慰藉》俨然成为一本圣书，它也是被阿尔弗雷德大帝选中从拉丁文译为英文的第一部名著，以供他粗鲁的西撒克逊民众学习。

通过《哲学的慰藉》将古希腊哲学家关于宗教和实践的学说留存给中世纪，波伊提乌唯一的历史贡献。有见于古典知识即将灰飞烟灭，波伊提乌还将大量科学著作，包括柏拉图、亚里士多德、欧几里得和阿基米德的作品，从希腊文译为拉丁文，但他的译文仅有少量存世。波伊提乌对亚里士多德《范畴篇》和《解释篇》等的译文以及注释堪称首创之功，也对欧洲的哲学教育居功至伟。从公元6世纪初到12世纪初的六百年间，没有迹象表明，拉丁语世界还接触过亚里士多德的其他著作。除了亲自撰写关于亚里士多德关于判断和推理方面的文章之外，波伊提乌还翻译并注解了古希腊学者波菲利（Porphyry）的哲学著作《亚里士多德〈范畴篇〉导论》（简称《导论》）。波菲利生活于4世纪末，普罗提诺的好友兼学生，对基督教持强烈的反对态度。

《导论》在中世纪非常流行，一直作为逻辑学的标准教材。书中提出"属、种、种差、固有属性、偶性"，即"五谓词"（The Five Predicables）。比如，"苏格拉底是一个人"，那陈述的是苏格拉底的种（species）；"人是动物"，指向的则是"属"（genus）；"人拥有理性"，那就是人之为人的种差（difference）；"人是具有幽默感的"，所陈述的是只属于人类的一种固有属性，是将人区别于动物的理性之外的特异性；最后，"某人是公正的，或某人色黑，再或者某人正端坐着"，是可以属于或不属于同一事物的东西。

在《导论》开篇，波菲利对一般（种、属）和个别事物的关系列出多重疑问：种和属是仅仅寓于单纯思想之中还是独立于心灵的真实存在？如果是实在的，它们是存在于事物之外，还是在事物之内？波菲利在引言里说他不打算回答这个"高深的问题"，因为这个问题超越了该书的讨论重心：逍遥学派是如何从逻辑角度论述属、种以及其他三大范畴的。不过，此"高深的问题"，却是更重要也更为趣致，一下抓住了读者的注意力，这也完美演绎了初等逻辑学如何能将人的注意力引到伟大的哲学问题上来，特别在西欧逐渐进入思想复兴的时代，更是如此，它后来更成为中世纪唯名论与实在论长期争论的焦点。自查理曼大帝（800年圣诞节那天，教皇利奥三世给查理曼加冕，承认他为罗马帝国皇帝的继承者）开始，西欧社会步入了正轨。

这一初等逻辑学仅涉及将各种命题分门分类，并致力于分辨出命题的多义性。但在这些研究的背后，藏着另外的问题：一与多的关系。我们前文讲苏格拉底、柏拉图和亚里士多德哲学，还有基督教神学家及其三位一体学说时，对一与多的关系有过浮光掠影的讨论。

波菲利说出种与属的区别，我们进一步追问："为何许多个体同为一种？为何许多种为一属？"这就碰触到了一与多无法调解的难题。我们全部的经验世界，重重盖上了"一中有多，多中有一"的戳记。每一代哲学家，无论发现新事实还是重新思考既有事实，都会遇到古老谜题的新瓶装旧酒，而学习哲学史，则能避免老错误，也能从前贤那里获得启发。

阿伯拉尔

西欧中世纪早期，当时的人有一种挥之不去的感觉：他们对于古代许多知识一无所知。这些人也许未能完全意识到，他们的处境有如一场船难之后幸存的孤儿。基督教的训练，使他们习惯于将古代流传下来的著作视为神的启示之所在，因此他们深感，在古代文献的残垣断壁中找寻智性生活是相当必要和方便的，毫无疑问胜过找寻他们自己的食粮、发明自己的工具。亚里士多德的初等逻辑学（这也是9—12世纪西欧唯一能接触到的亚里士多德哲学）是极其天才的工具，连最卓荦的学者都醉心其中。在对它的实践过程中，学者们的头脑变得越来越敏锐。

法国逻辑学家和神学家阿伯拉尔（Peter Abelard，1079—1142），在巴黎圣日内维耶山上的圣热纳维耶夫修道院所讲授之课程，成为大学的核心内容。大学后来也成为中世纪西欧的知识中心。但当时,阿伯拉尔受到许多保守神学家的迫害,特别是圣伯纳德*的迫害。在保守神学家眼中,阿伯拉尔野心作祟,只想着如何在辩论中驳倒对手,玷污了本是极为神圣的研究。12世纪的这些辩论家很像公元前4世纪古希腊的智者(诡辩家)。阿伯拉尔的方法是为每个问题摆出不同角度的答案,他最喜用一个德高望重的权威反对另一权威,并倾心寻找异教徒学者有关宗教主题的见解。保守神学家认为,阿伯拉尔的种种做法都是由于他没有能力在神学领域将逻辑学辩论方法和对异教徒大学者的过分敬畏扔在一边。不过,下一代神学家偏偏都是阿伯拉尔的弟子。不久以后,面对每个问题,都提出正反面论证,就变成公认的经院方法,而这也是经院哲学家及其哲学的典型标志。

这正成就了这句话:"一代人的异端学说往往是下一代人的正统教义。"12—13世纪,亚里士多德其他作品重见天日,那个时代的学者们发现,亚里士多德除了是初等逻辑学

---

* Bernard of Clairvaux,1091—1153,以其虔诚的神秘主义和组织第二次十字军东征而广为人知。

领域的公认权威之外，似乎随时可回答当时提出的每一个科学和哲学问题。如果单是初等逻辑学，神学完全可以容它在榻边安睡，但新近发现的亚里士多德文本包罗万象，有如一部百科全书，在某些领域与教会的正统教义明显有出入。二者之间的龃龉更由以下事实而加深：亚里士多德最重要的某些著作是经由西班牙的伊斯兰学者而引入西欧，上面还留有他们的注释。比如阿维洛伊（1126—1198，伊本·路西德是他的阿拉伯本名），被尊为出类拔萃的"注释家"，以对应"哲学家"亚里士多德。阿维洛伊的伊斯兰教身份只是名义上的，永不犯错的亚里士多德才是他亦步亦趋的导师。他发现，亚里士多德有两大学说（世界的不朽和个人灵魂的可朽），与伊斯兰教乃至基督教的正统教义格格不入。亚里士多德学说多少年来都被视为对上帝的揭示，对于西欧的知识界来说，当务之急便是面对这一难题。

在致力于解决此难题的一班经院哲学家中，最为知名者便是托马斯·阿奎那（1274年逝世时还不到五十岁）。阿奎那是多明我会修道士，他的哲学神学体系堪称中世纪最伟大的成就之一（但丁《神曲》的整体框架也取材于此）。阿奎那尽可能将新近发现的亚里士多德思想同基督教教义相调和。他并不是简单地将二者拼在一起，而是克服各种障碍，一个观点接着一个观点地思考，终于完成《神学大全》。这部鸿篇巨制充满冷静的批判，对它所取舍观点的真正重要性及其关联性都注入了敏锐观察力。

可以这样说，不仅托马斯·阿奎那，还包括一般经院哲学家，他们对基督教传统和亚里士多德的双重忠实，结下了丰硕的自由果实，这是独尊二者之一所不能比拟的。在中世纪的政治领域也有类似情况，即教会与国家的判然二分以及相互斗争，使个人从中渔利，得到更多的自由：以公民身份对抗教会，或以教民身份对抗国家，无论哪种情况，都有赖于势均力敌的两大机构对依附者的保护。

无论在学术还是在政治领域，双重忠实都颇有利于个体自由，不过它也注定会在忠于同一对象的两个个体之间带来冲突。近代欧洲各国有两大文明来源，古希腊罗马的古典传统，以及基督教传统。当北方蛮族继承罗马帝国时，这两大传统早已抟合在一起。罗马帝国当时已浸淫基督教多年，罗马既是帝国首都，又是"使徒的入口"，这里埋葬了圣彼得和圣保罗及其继任者——一代又一代教皇以圣彼得的名义统治着教会。正是经院哲学的这些工作，在亚里士多德这一全然古典的哲学之烛照下，使得两大传统之间深藏的裂缝显露无疑，由此也导致了建立在二者融合之上的中世纪文明的坍塌。

阿伯拉尔之后不久，情势越来越清楚：阿伯拉尔当年希望看到的哲学与神学之间的相辅相成，即哲学能给神学提供支持并证明，已经为后人所放弃。托马斯·阿奎那费了极大的心血想要调和二者，但他仅止步于做出这样一个区分：可通过理性而获知的神学教义，以及由只有经上帝启示而得到的神学教义。值得一提的是，阿奎那的调和与区分工作经常是步一个世纪之前犹太哲学家摩西·迈蒙尼德（1135—1204）的后尘。

其他中世纪思想家发现，很难在哲学和神学之间划定令人满意的边界，有些人甚至宣传真理有双重标准，即某命题在哲学中为真，在神学中为假，反之亦然。这种说法虽激进，但毕竟是为了给哲学家的研究工作争取独立于神学传统的自由。另一方面，如果哲学不想从一个枷锁换到另一个枷锁，那么哲学就不应该像基督教对待圣经一样，唯亚里士多德马首是瞻。

我们在上一章提到，个体性问题在基督教时代来临时，曾掀起一场远超古典时代的思想运动，神学家对此怀抱强烈的兴趣，亚里士多德学说在这方面语焉不详，无法令人满意，而这不能不说是哲学的一个小小的劣势。

唯名论与唯实论

初级逻辑学著作在很久以前就曾提问：种或属意味着什么？到13世纪，学者们就这个问题取得了一定程度的共识，认为有三种"共相"（个体事物的共通特性）。首先（从先后顺序看，应是最后）是存在于我们头脑中的抽象概念。比如，我见过许多匹马，于是便在头脑中形成了关于马的抽象概念。不过，如果现实世界不存在马之为马的共通特性，那我头脑中的抽象概念便只是毫无价值的虚构物。第二种共相，不像我头脑中的共相，而是与各自的相异特质如影随形，真实存在于个体事物之中。第三，无可否认，所有的共通特质，一定永恒存在于上帝的心灵中，即"共相存在于个体之前"，这是与亚里士多德立场迥异的。不过奥古斯丁对"理型"（Idea）的权威表述，却与前者不约而同，在奥古斯丁时代，亚里士多德仅被视为逻辑学领域的大师，亚氏对老师柏拉图"理型论"的详尽批评则濒临失传。

而随着亚里士多德著作的失而复得，《形而上学》中对"实体的特性"（nature of substance）的讨论（即何物因自身而存在，而非仅仅是附着于他物之属性），使一个旧问题的另一面浮上水面；因为，我们想当然地将每个个体视为这种意义上的实体。问题在于："所谓个体，是什么意思？同一种属的个体如何互相区别？"经院哲学家对个体性的这个问题殚精竭虑，可谓上穷碧落下黄泉，但这实在太棘手。因为，我们对某个个体的陈述，马上会变成一个"共相"，可以套用在其他个体身上。想象一下这个场景：两物一模一样，那么使二者成为不同个体的到底是什么呢？如果你回答说：一物在这里，而他物在那里，那你将很难找出真正的个体性；因为许多其他东西都可以在这两个地方，而这两物也可能在一瞬间离开现在的位置。

对这个问题，经院哲学家们聚讼不已，不过个体的重要性越来越得到凸显则是其主流趋势。以下我们来看一看针尖对麦芒的两位哲学家：邓斯·司各托（据说1308年去世）和奥卡姆的威廉（1350年去世），两位都来自英伦诸岛，也都是圣方济各会修士。邓斯·司各脱在当时有"精细博士"之称，但他绵密的论证和对优雅文风的过度倚重，又使他成为下一代人的鄙夷对象，他的名字（dunce）竟被用来指代笨伯。不过和我们这里所谈哲学史有关的是他对个体性的强调，亦即作为个体的人不应被视为只具有受局限的人类共性，相反，个体有潜力可以使人类共性进一步完美化。

奥卡姆的威廉走得更远，"如无必要，勿增实体"（not to multiply entities beyond what is necessary）是他的名言，这就是"奥卡姆的剃刀"。这一法则誓要对其他学院哲学家（特别是邓斯·司各特）日益繁复细微的理论来一个大扫除。奥卡姆将此法则运用于所谓的"共相"（universal 或 common nature），比如属或种，指出共相并不存在于人的心灵之外，当我们想到许多相似的个体事物，然后给予它们一个共名，这便是共相的由来。此学说被称为"唯名论"（Nominalism），有时也被称为概念论（Conceptualism），因为名字只是我们头脑中思想或概念所形成的符号而已。

与唯名论对立的学说叫做唯实论（Realism），认定共相是独立于我们心灵的现实存在。

我们看到，由于基督教对个体灵魂给予极高价值，哲学因此受到鼓励，对个体性问题的思考比古典时代更上一层楼。但是，彻底的唯名论是很难与基督教教义，特别是三位一体论相调和的。于是，奥卡姆及其追随者所提出的唯名论，便表达出了脱离古典传统和基督教传统之藩篱的愿望，与此同时，虽然它是一场革命，唯名论作为一套理论仍然是将注意力集中于个体性问题，而这一侧重是基督教时代的思想有别于古典时代的一大标志。

第六章　文艺复兴时代

宗教改革运动

"文艺复兴"（Renaissance）一词的词义本为重生，也即在古典文学与艺术的相关知识越来越丰富所带来的鼓舞下，文学与艺术在 14—16 世纪的重生。我们这部简明扼要的哲学史只能对这一伟大运动对哲学的影响作蜻蜓点水式的介绍。

从政治上看，现代欧洲几个大的民族，如英格兰人、法兰西人、西班牙人、德意志人、意大利人，已经深刻意识到他们各自形成独立国家，有自己的生活、兴趣乃至抱负，中世纪时代跨国界的机构制度曾提供庇护，使他们"长大成人"，但现如今，对于前者所施加的重重限制，他们已经失去了耐心。所谓跨国界的机构制度，包括：一、罗马教皇治下的教会；二、神圣罗马帝国，它宣称自己继承了古罗马帝国（现代国家的野蛮先祖曾经在数百年前侵入过并移植了它的文明和宗教）；三、封建采邑制度，将人束缚在一层又一层的领主封臣关系网中，它有时（但并不经常）会模糊国与国之间的边界。三者中，神圣罗马帝国是最为无足轻重的，它对各个诸侯国的跨国领土主张仅停留在仪式上，诸侯国王们实际上早就乾纲独断，以国君之身份治国。不过，德国和意大利由于名义上直接臣属于神圣罗马帝国，导致皇帝被认为是至高无上的，这阻碍了这两个国家的主权国家之路，直到 19 世纪才正式实现英国、法国和西班牙早就享受到的民族国家地位。

各国对种种国际限制越来越不胜其烦，与此同时，自由精神也在蔓延，亚里士多德（思想权威）和教会（宗教权威）不再是受人欢迎的向导，反倒成为禁锢一切的暴君。

这一自由精神最终与民族自决主张的冲动结合在一起，

催生了宗教改革运动。宗教改革运动期间，在英格兰、苏格兰、荷兰、斯堪的纳维亚，还有德国和瑞士的部分地区，教皇至高无上的地位陨落，大一统的基督教欧洲已裂痕斑斑。

哲学颇得益于这一带来分裂的宗教改革运动，倒不是因为各行其是的各个教会所宣扬的教义比大一统时的教会招致的哲学批评要少，也不是因为新教的教会人士对于批评的态度总是要比天主教来得更宽容，而是因为从宗教改革运动中应运而生的新权威，没有旧权威主宰一切的力量，面对未来更进一步的各种变化，虽有各种抗拒，但总是无可奈何的。

德国人马丁·路德是宗教改革运动的主要领袖（1483—1546）。他的主要学说"因信称义，而非因行称义"有两方面的含义。首先，该学说旨在使个人在宗教生活中不被教会所规定的种种清规戒律牵着鼻子走，认为每个人只能全心全力相信上帝的承诺。另一方面，在马丁·路德看来，传统教义使个人对自己内心状态进行焦虑审视，鼓励的是独身的僧侣生活，从现实世界抽身而出。在中世纪的人们看来，这才是真正的基督徒生活。马丁·路德自己经过数年修道院生活后，觉得这条道路走不通。在路德面前，日常人伦重又焕发光芒，不再是令他羞于投身其中的俗务，而是不可或缺的人事。

宗教改革的此种取向，与上文提到的这个时代的普遍风气是契合的。这是个人高扬自我独立的时代，人们自由地张望四周，享受上帝和大自然馈赠在他面前的各种美好事物，而不像早先那样，目光过于内省，完全沉浸在内心的秘密中。欧洲正进入现代时期，人们的视野更广阔，物质生活更丰富，其程度是欧洲的童蒙时代闻所未闻的。在人世间拼搏一番，参与自己分内的工作，以及抓住善与恶的机会，似乎是天命之召唤，而对此转身不理会，在修道院中寻找宁静者则是懦弱的，也是不知感恩的。

人们的视野更广阔，物质生活更丰富，原因之一来自于古希腊研究在西欧的复兴。随着1453年君士坦丁堡的陷落，东罗马帝国灭亡，希腊学者纷纷到意大利寻求避难，使尘封许久的古典知识和诗歌的宝藏之门，重新为西方世界打开。曾经只能通过译文来领略的经典，如今能读到原文。亡佚数百年的作品，如今不少重见天日。比如，可以用柏拉图和亚里士多德的母语来阅读他们的哲学，绕过中世纪学院派用阿拉伯文或拉丁文做的注释。

更而甚之，怀古热情不仅限于古希腊作品。古罗马作家的著作虽然历代传习不绝，在对其时代背景有了更深刻了解之后，也被读出新意。湮没在历史长河中的著作，得以重新发现。古希腊罗马的政治思想，在重视国家的当时人读来，比强调以教皇和皇帝为核心的基督教大一统王国的中世纪思想更觉亲近。古代的城邦虽然不是民族国家，但毕竟是彼此独立的共同体，为了公民最神圣的信托，各有国防以抵御恶邻，维护公民的共同利益。马基雅维利（1469—1527）在独立的民族国家这一理念激励下写出《君主论》，希望看到这样一个民族国家能在他的祖国意大利实现。一个世纪之后，托马斯·霍布斯（1588—1679）受同样理念的指引，在英国内战期间奋笔疾书，用《利维坦》详细阐述了创建民族国家的各项原则。霍布斯认为，他们那一代人由于缺乏对这些原则的理解，故而易于在各种遁词下做出有损主权之事。在马基雅维利和霍布斯看来，主权通常（虽则并不必然）集中于一位绝对统治者之手，这一点是有别于绝大多数古代思想家的。

不再被中世纪传统的迷雾所笼罩的,除了古典时代,还有基督教的草创时期。基督教的本来面目日渐清晰。基督教被普遍认为在最源头处一定是最纯粹的,由此,人们日益以原初基督教为权威来挑战当时的教会。

弗朗西斯·培根

比起父辈来,文艺复兴时代的人们在空间上也开拓了更广阔的天地。1492年,哥伦布发现大洋彼岸的新大陆,开启了地理大发现的新纪元,也刺激了对新知的渴求。直布罗陀海峡两岸的悬岩(古人口中的海格力斯之柱)已不复为欧洲的海角天涯。英国哲学当时的代表者弗朗西斯·培根(Francis Bacon, 1561—1626)渴望成为新的知识世界中的哥伦布,在其著作《大复兴》(*Instauratio Magna*)的卷首插画中,画着一艘全速前进的航船,穿过直布罗陀海峡两岸悬岩(旧知识的象征),驶入大西洋,以寻找新的、更有用的知识。

弗朗西斯·培根的这部著作以充满野心的"大复兴"为标题,只完成了一小部分,实际上培根也并不想写完它。他

第六章 文艺复兴时代

的目标仅在于构建一门崭新的哲学，以对自然现象的调查研究为基石，并以新方法实施之。

文艺复兴时代之所以成功突破中世纪对宇宙的认知局限，最主要就在于他们密切关注自然现象。这种关注并非发生于文艺复兴早期，毋宁说是文艺复兴发展到最后，特别是16世纪的特质。在整个中世纪，和逻辑学、形而上学、神学比起来，自然科学是被遗忘的学科。像13世纪的英国方济各会修士罗杰·培根等先驱者，由于将对大自然的探索视为平生大事，而面临被指为异端邪说的危险。罗杰·培根这样的人经常被老百姓视为与恶灵有勾搭的巫师。他本人自1278年被监禁在修道院的监狱里达15年之久，直到逝世前一年才获得自由。不光罗杰·培根，就连托马斯·阿奎那的老师——多明我会的大阿尔伯特，被教会封为"受祝福的阿尔伯特"，因他在自然知识领域的名望，在民间传说中成了一名魔法师。由于炼金术士是实验科学的代表者，他们汲汲于点石成金，操作方法又极度保密，便很容易在世人心目中造成此种印象：自然知识是和通过神秘方式追求世俗利益联系在一起的。

弗朗西斯·培根的计划是这样的：将与炼金术士相关的迷信成分清除出新科学，使新科学的目标不是直接从中渔利，而是获取完全的知识，最终极大地促进人类对自然的统治。培根指出，统治大自然，是人类最原初的天命。但人类不满足于直接听从上帝的指令，而是用"道德哲学"为自己立法（被描述为圣经故事"吃善恶树上的果子"），这样的举动白费力气又渎神，导致人类偏离了最应该做的事业——追求"自然哲学"，即研究和解释上帝的作品，并在上帝的智慧中揭示宇宙真面目。人类迄今为止成果那么少，仍然无法重做自然界中的化学反应过程，这说明古代自然理论之肤浅，未能解开大自然的真正秘密。但是，以"额头上的汗水"，人类是有可能"吃到面包"的，也就是说，通过坚持不懈的观察和精心设计的实验，可以找到解开这些秘密的钥匙，并为我所用。为了实现这一目标，全新的方法必不可少。这就是培根在《新工具》（*Novum Organum*）中致力于提供的，他希望用新工具代替旧工具——亚里士多德的《工具论》（*Organon*）。而亚里士多德此书之所以得名为《工具论》，是因为它被广泛视为最有用的工具，适用于推理所及之处。

第六章 文艺复兴时代

经院哲学传统将演绎法（Syllogism，也称三段论）认定为"极尽微妙"，是唯一的科学方法。培根则极力主张，演绎法委实太简陋，根本应对不了复杂多变的大自然。而且演绎法只适用于从既定前提推导出结论。

实际上，那些既定前提往往是亚里士多德或其他权威从肤浅的实验或表述中匆忙得出的一般化归纳。它们不容检验，因为遵循如下公理：任何科学都不能质疑它的第一原则。这其实是对亚里士多德一句原话的歪曲，亚氏本意是要表达每门科学都有自己的主题（如算术处理的是数字，几何则是空间值），而我们的推理如果不想迷失在大而化之的概括之中，就必须小心翼翼地对自己进行限定。通过强调上述观点，亚里士多德对科学的发展立下了汗马功劳。但在培根看来，亚里士多德的上述说法被滥用了，导致对现有科学信条的自由批评遇到重重阻碍。自由批评（虽经常不一定对）是如此遭歧视，人们对不支持现有科学信条的那些事实竟视而不见。而培根希望科学探索者能留意所有的事实，"以孩童的身份，进入大自然的王国，就像进入恩典王国"，尽情去学习，而不是去论断。

只有遵从大自然，才能征服大自然。与此同时，零星的努力不能征服大自然。很多科学发现由于缺乏行之有效的记录办法，总是湮没在历史长河里。因此，除非对于事实有了系统的搜集和保留方法，自然哲学是不可能很好建立起来的。

这些见解，显示了培根对自然科学之所需和前景的洞察是多么深刻，也极大地启发了下一代人，如罗伯特·波义耳（化学之父）和皇家学会的其他创始者。不过科学家们并没有对培根所提出之方法亦步亦趋。培根把他的新方法称为"真能得用的归纳法"。归纳法通常与演绎法对立，指的是通过列举一系列实例（尽可能穷尽全部实例）来建立一个普遍法则。演绎法则是将更普遍的数个法则合起来，然后推导出某个法则。培根希望建立起一门比演绎法更适合于自然科学的方法，从事实出发，而非从假设从发，并将之命名为归纳法（Induction）。培根的归纳法，与传统意义上的归纳法不同，它更看重"消极事实"，而非"积极事实"（这里使用 J. S. 密尔的术语，他 1848 年的《逻辑体系》一书以培根的归纳法为典范），换句话说，重视实验中某现象消失的情况，而非

第六章　文艺复兴时代

该现象出现的情况。

从非常宽泛的意义上，可以说自然科学采用了培根的归纳法，比如它赞成从事实出发，留心消极事实，系统地收集过往经验记录。自然科学并没有袭用《新工具》的特殊方法。所以说，培根没有像他希望的那样，为自然科学提供万无一失的方法，他低估了所面临任务的浩瀚程度。在自然科学知识的积累方面，培根自己没有做出第一流的贡献。对于最高实在是什么的问题——哲学旗帜鲜明的关注点——培根也不是特别感兴趣。不过培根以势大力沉之风格，高声宣布了自然科学和真理的光荣天命（中世纪对此实际上是忽略的），若无对自然现象真实而循序渐进的研究，哲学就会（至少）处于半饥饿状态。培根的自我描述——"新时代的吹鼓手"（buccinator novi temporis），恰当地反映了他在思想史中的真实地位。

培根身处的时代是自然科学突飞猛进的时代。但我们发现，这位最雄辩的时代吹鼓手并没有准备好欢迎当时的重大科学突破。谈起他的英国同胞、电磁学创始人威廉·吉尔伯特（William Gilbert，1540—1603），培根的口吻常常是苛责多于赞许。培根甚至还忽略了给自己看病的医生威廉·哈维（1578—1657）的跨时代发现——血液循环。威廉·哈维很瞧不起培根的科学主张，说培根的哲学，真就像出自一名大法官之手（当时培根正是一名大法官）。

哥白尼的日心说

波兰数学家哥白尼1543年提出了石破天惊的日心说，使中世纪的宇宙观变得遥远而陌生，对此培根也未曾以正眼视之。哥白尼的日心说后来得到意大利科学家伽利略（1564—1642）发明的望远镜的支持，望远镜的诸多新发现其实是在培根知识范围内的。伽利略是培根的同时代人，他的科学方法观如今被普遍认为优于培根，特别是伽利略肯定假说和数学推理在自然科学的发展中所起的重大作用。

虽然日心说在古典时期就有人提出来，但由于缺乏望远镜这一利器的帮忙，它从未得到天文学家的普遍认可。到了中世纪，地心说不仅可诉诸日常感官，而且是圣经上白纸黑字写明的，从亚里士多德的著作，到公元2世纪的天文学巨匠托勒密的《天文学大成》(中世纪天文学知识的主要来源)全都主张地心说，日心说毫无立锥之地。

哥白尼的日心说，培根弃如敝履，但他的同时代人布鲁诺（Giordano Bruno，1548—1600）却以极大的热情欢迎之。日心说打开了一个无限宇宙，布鲁诺对此满心欢喜。基督教和亚里士多德哲学在"天空"和"大地"之间判然二分的界限，以及"大地是静止的，天空围绕着它转动"这一信仰，统统烟消云散。大地如今被视为天空的一部分，并不比天空更神圣。

圣经处处都以地心说来看待人类与栖居之地关系，面对日心说这一巨大的反转，很多人害怕随之而来的影响，日心说也因此遭殃。1600年，布鲁诺因传播"异端邪说"被宗教裁判所宣判死刑，烧死在罗马鲜花广场的火刑柱上。1633年，在宗教裁判所的淫威下，上了年纪的伽利略被迫公开放弃对日心说的信仰。传说伽利略在撤回日心说之后，站起来喃喃地说"它还是照样在动"。这则轶事不一定属实，但无疑真实描画了伽利略的所思所想，也表达了后代在读到伽利略违心之声明后的内心感受。宗教裁判所的迫害无法压制真理的进步。他们也许会让一些思想家小心自己的措辞,但自此以后,再也没有哲学家会怀疑地球是否绕着地轴自转,绕着太阳公转。地心说被永远丢进了历史的垃圾桶里。

第七章　从笛卡尔开始

笛尔卡与笛卡尔主义者

我们发现自己来到了这样一个时代：对受过教育的人来说，从来视为天经地义、上演了多少个世纪人间悲喜剧的"天地"模式，突然只是一出剧场幻觉，观众只要换一下座位，即刻就会消失。地球原本被认为"如此厚重，是无法被移动的"，结果它竟处于永恒运动中。而从远古时期，诗人就在吟诵太阳的朝升夕落，原来它居然是相对静止的。无怪乎在这个时代，法国哲学家笛卡尔（Descartes, 1596—1650）始终认为，在通过全方面的怀疑这块试金石的检验之前，不可遽下任何结论。

在 1619 年，笛卡尔决定将怀疑进行到底。其结果是，笛卡尔终于找到一样他没办法怀疑的东西，也即他自己的存在这一事实本身。因为要怀疑，就必须要思考，而要思考，就首先必须存在。于是，确定性便有了基石：我思，故我在（I think, therefore I am）。

我们一定要牢记，笛卡尔所发现不可化约的事实仅仅是作为思想体的存在，而非出生于特定年月日的肉身个体。笛卡尔不会说，"就像我站在这里一样真实"，而只会说"就像我正在思考一样真实"。我的身体处在何方，甚至我到底有没有身体，都有可能是一场错觉。但"我在思考"却不可能是错觉，笛卡尔在比较宽泛的意义上定义"思考"，指的是我在有意识状态下的各种心灵活动。不过，可以再进一步。在对不容怀疑的自我意识进行一番检视之后，会发现它是如此不完美而局限，由此就产生了某物完美而无限的观念，自我与完美而无限的此物相比有云泥之别，并深深地发现自己的不足。在这里，我们方才遇到了如今的人最熟悉意义上的"观念"（idea）一词。

第七章 从笛卡尔开始

Idea 一词来自柏拉图哲学，究竟它是如何开始具有全然不同于柏拉图原意的"观念"之含义的呢？简而答之，在后世思想家（特别是奥古斯丁，他从不认为万物永恒外在于上帝）看来，永恒的共相（得名于柏拉图，也是知识的对象）其实是上帝的永恒思想，它们与人类经验的关系，正如一位艺术家心灵中的设计与他双手创造出来的作品之间的关系。

在 16 世纪，亚里士多德弃用的 idea 重又受到热捧，该词的含义也逐步从"上帝心灵中的思想"，延伸为人类心灵中的思想，并开始在哲学词汇中代替 species，不过并非是在我们最熟知的形式（kind）意义上的，而是表示在人类心灵和独立于它的外在事物之间的中介。——这是笛卡尔及其同时代人和通信对象霍布斯共同使用的含义。

不过和笛卡尔不一样的是，霍布斯不认为我们拥有无限而完美的存在这一观念。这是因为在霍布斯这里，观念总是对外物的映像。霍布斯并非不愿意想象一个外在神力的存在——他是世上一切的始源，我们称之为上帝。但上帝与他创造的大千世界不同，上帝并不直接作用于感官，我们对上帝便无从形成明确的概念或观念。笛卡尔恰恰相反，他指出对某些事物，我们可以形成明确概念意义上的观念，然而无法将此明确性在心灵中形象化，比如有一千条边的多边形。对于完美的存在，我们具有一个肯定而明确的（虽然并不具体的）概念。从完美实体的概念，人类得知自己是不完美的，由此完美上帝的观念便不可能是来自于我们自身。除非假设有完美上帝的存在，否则该观念的存在便是无法解释的。笛卡尔指出，完美实体这一观念实际上便暗含了完美实体本身的存在，因为绝对完美的实体这一观念如果没有对象物存在，那就是自相矛盾的，就好比说没有山谷的山峰，或者说某个三角形的内角之和不等于180度。缺乏实在性的完美实体概念，本身就是不完美的。

  以上便是我们常听说的关于上帝存在的本体论证明。虽然如此，我们也不能想当然认为本体论证明自身便证明了"上帝"一词所代表的、人可通过崇拜或交流与之建立一对一联系的实体之存在。它所能做到的还略有限。首先，它指出，在我们对自己有限和不完美的意识中暗含了对一个无限而完美的实体的意识。其次，它极其生动地表达了一个信念，一个只有最极端的怀疑论才会假装去悬置的信念，即所有的思想和意识都是对某真实存在之事物的思想和意识。我们的错误，常常并不是将不存在的某物误判为存在，而是将某真实事物误以为另一真实事物，以及将两样实际上分离的事物误判为一体或将一事物误判为分离的两事物。

笛卡尔指出，之所以犯上述错误，或多或少总是出于非理性的意志。当意志不顾理智提出的清楚明白的观念而做出判断，或对不甚清楚明白的观念做出判断时，便产生了错误。除非我们拥有区分真假知识的能力，否则很难避免犯这样的错误，或者在犯错之后纠正它。不过笛卡尔又进一步说，人类实际上拥有这样的能力。

当我们的感知既清楚又明白，毫无含糊之处时，唯一疑虑就在于是否有一些恶灵在存心欺骗我们，人类心灵上的诸种感知是否只是它们的恶作剧。这一疑虑很快可以烟消云散，因为我们确信完美的实体（上帝）存在。——除非有上帝存在，否则我们不可能有上帝观念，又因为在上帝的各种完美中，必然包括了上帝的真实性。上帝的真实存在，使对人类来说清楚又明白的一切得到了保证。

笔者不准备花篇幅列举这个证明中的缺陷，只是想指出，通过这个本体论证明，（由数学得到的）清楚又明白的知识——笛卡尔自己正是一位大数学家，其根据在于上帝的完美性，而立基之处便是以下知识：人是作为思考者而存在的——这一点甚至可以从怀疑任何可怀疑之事这一行为本身得出。

笛卡尔的哲学（包括许多其他学派的现代哲学）与古代哲学形成了鲜明对比。总体而言，古希腊哲学家并不怀疑真实世界的存在，也不怀疑心灵——心灵的作用便是理解世界。当然，他们对于不少看似真切的事物，也持怀疑态度。

在基督教的影响下，中世纪哲学把人类灵魂抬高到所有造物的最高位置，甚至将整个宇宙当成是为了人类而被造（在这一点上与他们的哲学大师亚里士多德分道扬镳），然而继承了古典哲学的观点，对于人类心灵之外的他物存在并无疑义。笛卡尔怀疑一切的存在，除了他自己的心灵。若不是在本体论证明的帮助下，笛卡尔无法从怀疑脱身而出。本体论证明推导出上帝的存在（人之作为思考者暗含了上帝的存在），也保证了与清晰有明白的观念对应的外部世界的存在。总而言之，如果没有本体论证明，笛卡尔势必无法得出

"心外有物"的确凿结论。

本体论证明最先由中世纪早期的伟大思想家安瑟尔谟提出。安瑟尔谟1093年起任坎特伯雷大主教,直到1109年逝世。但安瑟尔谟这位经院哲学家并没有打破古代以来对独立于心灵的物质世界之存在的确信,也从未理解本体论证明的重要性。本体论证明在中世纪从未得到太多注意力,直到笛卡尔将这一问题复兴之后,它才成为重大的哲学问题。经由本体论证明,我们清楚又明白的知识得到了保证,但重要的是去厘清哪种知识可以被认为是清楚明白的。上文提到,数学知识可说是这样的知识。对笛卡尔来说,关于有数量的又在空间上有广延的、从一个点到另一个点运动的物体的知识,方才是"清楚明白的"。

广延是物体的本质属性,因为不论物体还有什么其他属性,如果它不再是物体,那么它也不复拥有这些其他属性。具有广延的物体能够被无限分割成各种形状和数量,而无限数量的各部分也可以自由组合,形成不同的数量,这种重新组合只有通过运动才得以可能。因此,除了占据空间、拥有形状和进行运动之外,物体再无别的属性可以被清楚明白地感知。物体的有些属性,如颜色、温度和声音,通常也被认为属于本质属性,其实这些属性混合了不属于物体自身而属于我们灵魂的一些东西。如果将颜色、温度等属性误认为物体所固有,我们将会被谜团重重包围,远离"清楚明白的"知识。

心灵可感知的、但数学和物理学所不能处理的一些属性,不被认为是物体的本质属性,持此观点者,古希腊有德谟克利特,笛卡尔的同时代人中则有伽利略和霍布斯。此观点的重要性在于,它为对宇宙的物理学处理扫清了道路。在开普勒(1571—1680)、伽利略和笛卡尔的开创性事业之后,牛顿在相比前人更宽松的研究环境下,将对宇宙的物理学处理更推进了一步,提出石破天惊的第一运动定律和第二运动定律。前者又称惯性定律,即任何物体都要保持匀速直线运动或静止状态,直到外力迫使它改变运动状态为止。后者规定,物体运动的变化和作用力的方向一致,并与作用力成正比。

霍布斯和笛卡尔极倾心于用数学和物理学解释自然现象,不过霍布斯走得更远。他不仅视物理过程为一种运动,

第七章 从笛卡尔开始

同时认为意识也可以归入运动范畴。而对笛卡尔，说一个心灵或意识在运动，就等于说一个物体在思考或意识一样，是毫无意义的。笛卡尔指出，我们具有异于思想的、清楚明白的广延观念，以及异于广延的、清楚明白的思想观念。思想没有广延，广延不能思想。笛卡尔将物质（具有广延属性）和心灵（具有意识属性），一概都称为"实体"，即不依赖于其他任何东西而自身存在的东西，因为二者都可以被观想为——也只能被观想为——独立于彼此。身体是物质，自我意识是心灵，按照二元论原则，身体和心灵不能相互作用。但是当想到我们自己的身心之合一时，这里显然浮现了出一个难索解之谜题。身心合一的问题，也让笛卡尔及其追随者感到颇为棘手。他们把各种生物体都看作是机器。生物体的任何变化都可以用放诸宇宙而皆准的物理学原理来解释。而心灵之状态，看起来很难用物体运动来解释，就像物体运动无法用心灵状态来解释一样。然而，可确信的一点是，在我们自己的经验里，物体运动和心灵状态似乎相互影响。

笛卡尔为克服这个难题而做出的努力，很难称得上成功。他声称,身体和心灵在大脑里有一个交接点,叫做"松果体",这里聚集了所有的"元精"(animal spirits,笛卡尔语)。笛卡尔设想"元精"是极精微的,通过血液经由神经和肌肉,从心脏流到大脑。元精的运动是动物所有自发行为的原因,不过只有在人体内,它才能受到灵魂的引导。"元精"纯属虚构,尽管人脑中确实有松果体的存在,但实在没有理由认为它是灵魂之所在。而且,即便假定灵魂藏在松果体内,它所激起的难题丝毫不比之前少。

后来由笛卡尔主义者(笛卡尔的追随者)提出的"机缘论"(Occasionalism)相形之下更为圆融和洽。该理论特别与海林克斯(Arnold Geulincx,1625—1669)的大名联系在一起。根据"机缘论",身体和灵魂之间并无实际互动。身心的协调一致是一种机缘,其真正原因是上帝的安排。对上帝的绝对依赖也是身与心唯一的共同之处。太阳光线对视神经的刺激,并不是我感觉到光的原因,只不过是光线在刺激视神经的同时,上帝让我感觉到光;我想要挥手的这一意愿,也不是挥手的原因,只是在我想要挥手的同时,上帝让我的手挥动而已。上帝既是我们意愿的原因,也是我们身体运动的原因，因此身心关系可以比作为始终同步运行的两座钟。简而言之，机缘论假设心灵或灵魂直接依赖于上帝，而非通常所认为的那样以身体为中介，另一方面，它还认为只有通过上帝的中介，身心才得以合一。

还有一位笛卡尔主义者，叫做马勒伯朗士（1638—1715），他是法国奥拉托利修会的神甫。马勒伯朗士将机缘论又推进了一层，指出关于广延或物质的清晰明白的观念，既然它是一个观念，就不可能属于外在物质世界，而既然它是关于广延的观念，它也不属于心灵，因此只能属于上帝，也只有在上帝这里，两种形式的实体（心灵与物质）才真正统一。在马勒伯朗士看来，我们对面前之物的数学式认知，这些观念并不来自心灵，而是来自上帝，它们构成了物质世界的永恒理式。由此，可以说"在上帝那里看到万物"。笔者要指出的是，马勒伯朗士将奥古斯丁神圣思想意义上的观念来解释笛卡尔"人类思想"意义上的"观念"（idea）。奥古斯丁是马勒伯朗士极为崇拜的一位思想先贤。

在笛卡尔及其追随者的哲学中，物质和心灵（广延和思想）是泾渭分明的两种实体，相互之间唯一的共通之处只是都依赖于万物之来源——上帝。然而如果严格遵守笛卡尔对"实体"的定义（"不依赖于其他任何东西而自身存在的东西"），就会发现物质和心灵因对上帝的依赖，而难当"实体"之身份。

斯宾诺莎

荷兰的犹太哲学家斯宾诺莎（1682—1677）就断然否认物质和心灵的"实体"地位。斯宾诺莎早先是一位笛卡尔主义者，由于斯氏的哲学地位太高，所以无法仅仅归类为某位哲学家的追随者。在斯宾诺莎看来，天地间只有一个实体，那就是上帝或曰自然，广延和思想都只是属性。没有理由认为上帝的属性只有广延和思想两种，但其他属性是在人类认识之外的。广延和思想这两大属性从不互动，永不相交，斯宾诺莎在这一点上和机缘论者看法是一致的。

上帝（或自然）的本质可经由广延属性或思想属性表达出来。两种属性既同属于一个实体，二者之间存在彻底的平行关系，故而心灵世界的所有观念必有物质世界的对应物，

第七章 从笛卡尔开始

反之亦然。换句话说，广延的一个样式和这个样式的观念亦是同一的东西，不过由两种不同的方式表示出来罢了。

整个物质世界必然对应着对它的理解。作为物理学家的目标，这种理解背后并没有意图或"终极因"的推动，而只是一种数学或物理学上的必然。对世界的不完美领悟——这构成了我们每个人的灵魂——首先是对身体的意识，以及对直接或间接与我们身体有关联之事物的意识。

我们的身体从属于物质世界系统（或者斯宾诺莎口中"广延属性下的上帝"），而灵魂中对身体的所有指涉都只从属于灵魂，就像灵魂自身同样属于自足完备的思想系统（斯宾诺莎称之为"上帝的无限理解"）之背景下。身体做出某个动作，某个情绪随之而来。当灵魂生出某个目的，身体同步做出行动，我们误以前者为因、后者为果，但其真正原因来自于深不可测的物质之畛域。因此，我们有时候感觉到意志之自由，在斯宾诺莎看来纯属"见果不见因"。如果一块石头有意识的话，当它被抛掷向半空，它发现自己在快速移动，但对自己运动的原因一无所知，会很自然地认为运动是由于它自身。当我们以为自己的某些行为是自发的，就犯了这块石头的错误。

实际上,我们在某些情景下的自由意识是否可以这样被解释,还有如果处于斯宾诺莎形象比喻的石头之境遇下,我们是否应设想自己在自由地行动,这两个问题都值得生疑。不过必须指出的是,虽然斯宾诺莎发现所谓的自由意识不过是由于知识的不完备,但他并非觉得人类是被剥夺了一切价值的可怜虫。他认为,自由并不来自于无知,而是来自于知识,这才是一种远更值得珍贵的自由意识。当一个人在万事万物中看到自己是同时也承受着宇宙(斯宾诺莎会说是上帝)永恒不易的结果,只要他自认为拥有了与众不同的兴趣和可能性,他便挣脱了空洞的希望和恐惧之枷锁。斯宾诺莎可以采纳这一观点,因为他确信在知识之链中得到的满足和宁静是无与伦比的,并在"对上帝的理智的爱"中到达最高潮。斯宾诺莎使用"对上帝的理智的爱"这一表述,并不是说我们怀有一种像对爱我之人回报以爱那样的情感。在"对上帝的理智之爱"中,并无亚里士多德讨论过的互惠问题(question of reciprocation)。

斯宾诺莎和亚里士多德都认为,上帝自己的知识和喜乐只能是带有他自身特质的知识和喜乐，但两位哲学家的相似性仅到此为止。亚里士多德从未提及我们的存在包含于上帝之中，或者我们对上帝的知识和爱包含于上帝的自我知识和自爱之中。斯宾诺莎则教导我们说，对上帝的理解或知识是上帝的无限自我理解或知识的一部分，而心灵对上帝的理智之爱乃是神借以爱它自身的无限的爱的一部分。

上帝有对我们的爱，但这种爱与我们对上帝的爱其实并无不同。上帝对自身的爱（我们对上帝的爱是它的一部分），是对我们自己的爱，因为对我们自身的爱由我们的心灵和思想所构成，是永恒的思想系统（思想属性下的上帝）之部分。此一永恒的思想系统是思想属性下的上帝，正如我们的身体是永恒的物质世界（广延属性下的上帝）之部分。

虽然斯宾诺莎每每言及上帝，但他笔下的上帝与虔诚信徒口中的上帝大异其趣，因此在很长时期内，斯宾诺莎都被贴上了无神论的标签，而且是无神论者中的"首恶之徒"。不过，如果"无神论者"意为没有宗教信仰的人，那么再没有比无神论者一词更不适合用在斯宾诺莎身上的了。

然而，在斯宾诺莎的沉思中，很难看到给每个人的心灵留下多少个体性。正像从物理学家的视角看来，你的身体或我的身体不过是运动的物质世界的一部分而已，与物质世界其余部分并无多少不同，将物质世界分割或大或小的部分只是为了考量之方便。在你我的思想里，就思想达到对物质世界运行法则的严格科学理解而论，并无特别专属于你我之物，除非每个人都像各自呈现的那样，是这个世界与众不同的一分子。我们必须认识到，斯宾诺莎所处的时代，也是伽利略和牛顿的时代（伽利略逝世的同一年，即1642年，牛顿出生），当时的科学家注意力都集中在力学和物理学问题上，不论身体还是灵魂的个体性似乎都不在考量之内。

物理学家不考虑生物体之间的区别，考虑的只是适用于一切生命体和无生命的物体身上的运动定律和重力定律。发现数学和力学真理的各个伟大心灵之间区别何其明显，但数学和力学真理是那么抽象，一旦被发现或被把握，发现者似乎就大功告成，而他们的珍贵发现也成为了全人类共同的财产：普通研习者并不需要重新回到伽利略或牛顿的著作——那只是科学史的对象。诗人和艺术家乃至道德家、宗教家、哲学家的作品可就完全不一样了，其实质内容不能脱离著书立说者的个性，也不可能弃原著于不顾而重新表达。

斯宾诺莎的其他作品也有这个特色，但他所定义的知识的理想型太过于接近数学家和物理学家的知识，个体性有消泯于万物一体的上帝中的危险，因此激发了很多读懂斯宾诺莎哲学的同时代伟大心灵致力于纠正斯宾诺莎哲学的主要缺陷，还个体的多样性以公道。

莱布尼茨

德国哲学家莱布尼茨（Gottfried Wilhelm Leibnitz, 1646—1716）投身于个体性问题——经院哲学家们曾经对这个问题做了许多抉发。在思想者对自我存在不可化约的认定中，笛卡尔为确定性找到了基石，但和斯宾诺莎一样，他的兴趣集中在数学和力学问题上。笛卡尔虽充分强调了思想和广延（心灵和物质）之间的差别，然而并未考虑此思想家和彼思想家之间的差别。他所思考的自己之存在状态也可以是其他思想家的。

斯宾诺莎的性格以及所处环境，与莱布尼茨相去不可以道里计，常人对此根本无法想象。斯宾诺莎24岁因异端邪说被阿姆斯特丹的犹太教会开除教籍，留在荷兰乡间过着极其简朴的生活，他远离尘嚣，以磨制光学镜片为生，对于自己认为有可能以个人独立性为代价的酬金一概拒绝。由此，他才能全身心地投入自己的科学和哲学研究之中，丝毫不需要隐藏自己的观点或卷入论战。

莱布尼茨是一位廷臣，事务缠身，对他来说，科学和哲学仅仅是社会活动的一部分，虽然毫无疑问是最主要的一部分。他同时忙于创建各种学会，主张融通天主教与新教，还被汉诺威公爵任命为法律顾问，搜集重要的国内文献，职责之一是为这个家族撰写家史。

对观念史的广博知识使莱布尼茨产生如下见解：各学派在宣扬自家观点时，通常是正确的，而在驳斥别家观点时常常犯错，莱布尼茨也因此也常常强调自己的理论与他人理论之间的一致性。此种立场自有其可取之处，但也有掩盖分歧之虞。因斯宾诺莎被同时代人视为基督教之敌而恶名远播，莱布尼茨对自己受益于斯宾诺莎哲学颇多这一事实绝口不提，他的此等怯懦态度招致了不少谴责。

莱布尼茨将注意力转向了个体性。那么，真正的个体在哪里呢？不在物理上的原子里，虽然原子（atom）一词在希腊语中的意思等于拉丁文中的个体（individual）。因为即使存在不可能再分割的物质颗粒，这些颗粒也必然是在空间上有广延的，因此必然包含各部分，至于世间没有任何一种力能将它的各部分分离那是另一回事。

不仅如此，它的各部分一定也是可分割的，而且是可无穷地分割下去。无论将它分割得多微小，我们不能寄希望于从中发现真正的单纯实体，因为"单纯"指的是"没有部分"。据此，被我们认为是单纯实体的某物质（广延之物），即便是想象中的最小颗粒，都难副其名。只是在观察者的心灵中，无限的多看起来像一。除了在不准确的隐喻意义上之外，在空间中并无广延的心灵是不能说拥有部分的，在这里我们找到了真正的单纯实体。

莱布尼茨由此推测，每个真实的个体都具有这样的单纯实体，尽管只有一部分个体被我们以此名之。单纯实体是众多的，并不是像斯宾诺莎所认为的仅有一个上帝的实体。这样的个体——莱布尼茨称为"单子"（monad）——是唯一真实的存在者。所谓物体这样的东西（物质的或有广延的）由其无限可分割性，可证明它们并非真实存在，因为它们不可能有真正的组成部分，古希腊哲学德谟克里特和一些现代哲学家假设的物理空间中的原子纯属子虚乌有。物理空间中的物体只不过是类似于灵魂的单子的表象。一些物体看起来是物质或有广延的，但这并非它们的真性，在本质上它们都是某种类型的单子，和灵魂拥有的单子一样，虽然它们并不总是意识到自身。

笛卡尔说，我思故我在。但当我不在思考，比如正在做梦，甚至落入无梦的睡眠时，（使我思考的）灵魂并不停止存在。如果它停止存在，那么在我的散步和睡眠状态之间便失去了连续性。如果五点钟的时候不醒过来，我怎么可能在钟敲六点的时候出门散步呢？也不可能在一场无梦的睡眠中醒来后，重新接续之前思考了。莱布尼茨相信，即便没有意识活动时，我们灵魂中始终活跃着"小知觉"（little perceptions，莱布尼茨语）。在呼吁重视"意识阈限"之下的精神活动方面，莱布尼茨堪称先驱，到了现代，这一课题变

第七章 从笛卡尔开始

成了心理学的重要内容。

莱布尼茨按知觉的清晰程度把单子分成三个等级：最低级的是赤裸的单子，只具有最含混的无意识的知觉；其次是灵魂（soul），具有有意识的知觉即感受，有记忆相伴随；最后是心灵（mind）或精神（spirit），其知觉具有自我意识和理性。作为单子的灵魂若处于以下几种状态，我们是可以想象的：始终只有感觉但从不推理，总是在梦中，永远处于无梦的睡眠中。以此类推，我们也能理解以动植物形象呈现在我们面前的单子，甚至那些根本就不能被称为活物的单子，与我们的灵魂相比，它们具有相同的特质，只是能力不同。在莱布尼茨看来，构成宇宙的所有单子彼此之间并不互动，因为这会有损于单子的完美自在性。恰恰相反，无论单子发生什么变化，都是它自己本性的自然结果。既然单子的任何现在状态都自然地是它以前状态的后果，那么每一个单子都"携带着过去"，又"孕育着未来"。单子之间的这种彻底的相互独立关系被莱布尼茨表达为：

单子没有窗户，没有任何东西可以进来或出去。

但是在这些相互独立的单子之间，存在着一种"前定和谐"。每一个单子都与其他一切单子相互协调，保持有序。单子与单子的互动表象并不是真实发生的。一个人的灵魂与身体的关系最能够恰如其分地说明这种和谐。身体是一系列单子的组合表象，这些单子比灵魂低等得多。莱布尼茨将心身比作两具制造得极精密的时钟，认为它们各走各的而彼此自然地保持一致——这一点和机缘论相同。在"前定和谐"中，每个单子都可以说是从一个特定的点映现了全宇宙，不仅都是宇宙的一面镜子，而且也都是神性的一个映像。这也就是说，每个单子都包含着宇宙全体；这个"全体"不仅是空间上的，也是时间上的，即每个单子中不仅包含着它自己的全部过去与未来，也包含着宇宙的全部过去和未来。就是通过这样一个理论，莱布尼茨努力调和人类灵魂的真实个体性与单一宇宙秩序之间的关系，同时也在这宇宙秩序中的每一个点上找到了与我们自身的个体性同样真实的个体性，虽然它们的发展程度不一定高。

在莱布尼茨看来，这个有序和谐的宇宙是上帝（有时被称为至高单子）从无数个可能世界里选出来的最好的一个。

因为莱布尼茨和斯宾诺莎不一样,他不认为哲学可以弃"终极因"于不顾。有些事情虽无法用数学或逻辑说明,但也是真实存在的。

然而如果认为事物的存在可以没有理由,这就面临丢弃哲学基本预设的巨大危险。莱布尼茨认为,除了带来数学和逻辑的定律,此外还有充足理由律。真理有两种:"推理的真理和事实的真理。"前者具有普遍性和必然性,"它们的反面是不可能的",即制约于矛盾律。后者只是偶然的,"它们的反面是可能的",即制约于充足理由律。

> 充足理由也必须存在于偶然的真理或事实的真理中,亦即存在于散布在包含各种创造物的宇宙中的各个事物之间的(单子)联系中。

在莱布尼茨看来,根据充足理由律,如果我们的知识足够充分(经常的情况下是知识不够充分),就可以证明,现在发生的一切要好于未能发生的。现实世界的构成是无法用逻辑必然性证明的,只能用上帝的主动选择来解释。当莱布尼茨称这个世界是"所有可能世界中最好的一个"的时候，并非意味着现存世界上的一切是我们可以想象的最好的，而是这个世界上的那些坏事物如果在另一个世界变好了，那个世界整体而言却会是更糟糕的世界。举例来说，在一个意志自由的世界里，罪恶无法被清除一空。但一个有着偶尔做错事的自由意志的世界，总好过于没有自由意志的世界，在那里，没有恶，同时也便没有善。

"这个世界是所有可能世界中最好的一个"理论成了一个靶子，法国大思想家伏尔泰在《老实人》(1757)中对它进行了一番冷嘲热讽。伏尔泰是法国启蒙运动的领袖，备受法国启蒙主义者的追随，而他们是当时全欧洲文化程度最高、最具人文精神的一群人。

本章所述的笛卡尔等人的哲学体系有个鲜明的特色，即对人类理性充满信心，认为可凭借它发现实存界的全部秘密。伏尔泰对这种过度乐观的哲学不感冒，转而服膺一位对于人类的理解能力略有保留的英国哲学家。这位英国哲学家便是约翰·洛克。

第八章 英国三剑客

洛 克

约翰·洛克（1632—1704）曾承认笛卡尔的作品"是他对哲学的初体验"。在1690年发表的《人类理智论》中，洛克跟随笛卡尔的思路，也将物质与心灵视为系于上帝的两种实体，而上帝的存在可通过理性证明。洛克不是依靠笛卡尔式的"本体论证明"来确证上帝，而是认为"无中生有"之不可能，一定有某实体永远存在，它全知全能，成为这个宇宙中所有能量和知识的来源。

物质和心灵（我们的精神实体）之间的亲密互动所产

生的难解之谜使笛卡尔主义者走向了机缘论。洛克似乎没有太受这个问题的困扰。首先，物质与心灵的特质是否完全相反，洛克对此不是百分之一百确定。他看不出来为何上帝不能给物质注入精神力，不过洛克倒是全盘否认我们的思维具有物质性。他没有提出如下问题：在感知过程中，我们的心灵是否在一定程度上受到与外部身体接触的大脑运动的影响？洛克认定，在我们的自主行动中，思想具有促成运动之能力是无可置疑的，虽然也是无法理解的。但与笛卡尔的主要分歧在于，洛克学说中没有"天赋观念"，我们所有知识都来自于经验。

洛克说，经验分两种，一种是感觉，另一种是对"心灵内部运行"的反省，或称"内在的感觉"。在经验产生之前，心灵就像一块有待书写的白纸。洛克驾轻就熟地向读者表明，对于普遍的推理原则，比如矛盾律（同一样事物不可能既是 A 又是非 A），儿童和野蛮人一开始是相当生疏的。但捍卫天赋观念者对于上述事实基本上并无异议。他们所谓的天赋观念，指的是如矛盾律等（当然没有以这种普遍形式表达）是人一旦开始推理的时候就马上使用的。天赋观念作为普遍的原则,毫无疑问是对"心灵内部运行"的反省中的得来的,而这恰恰是洛克认可的两大经验来源之一。

但是在时间先后上,心灵的内部运行一定是在发生于被经验到之前的。莱布尼茨写了一部很厚的著作《人类理智新论》(莱布尼茨过世五十年后才出版),对洛克《人类理智论》进行逐章批判,他说了一句洛克看似会赞同的谚语"理智中没有什么东西不是首先出现在感觉中的",与此同时又举出一个例外,即理智自身。

无论关于"心灵的内部运行"的知识属于什么性质,有一点是可以肯定的,那就是这些知识与全然来自于感觉经验、关于物质世界的知识不一样。洛克将"感觉"归入"观念",并给了"观念"(idea)如下定义:当一个人在思想时,心灵的对象即为观念。——遣词用句几乎与笛卡尔一模一样。

对洛克来说,"观念"从来不是产生于心灵,而是心灵中的被知觉者,因此观念并非通常以为的"真实对象",恰恰相反,我们可以提出疑问:如果说造成感性观念的是位于心灵之外的物体,如何知晓对应这些物体的"真实对象"是否存在?而要提出这些问题,我们必须先具备两个观念(不论此等观念是否天生），即因果观念和有物体存在于外部空间之观念，否则也不可能从感性经验中获取关于外部世界的任何知识。而在关于这些观念的起源方面，很难说洛克成功地给出了一个颇具说服力的解释。

洛克无意否认外部世界的独立存在。虽然和笛卡尔一样，他认为关于外部世界的知识不像直觉知识（intuitive knowledge）或推论性知识（demonstrative knowledge）那样确实可靠。洛克和他同时代的大多数思想家一样，认可物质世界之存在，认可其真实具有各种性质（如广延、形状和运动），但是像颜色、声音和味道等所谓性质只不过是外部物体作用于我们的感官而在心灵之中产生的感觉而已。

洛克强调我们关于物质世界的所有知识都来自于感觉经验，他既无法认同古代哲学家的做法：将理性直接认知的现实与感觉所把握的现实截然二分，也不像笛卡尔及其后继者，将由心灵的天赋观念而来的知识，与身体器官受影响之后产生的知识区别开来。洛克所做的是对"第一性的质"和"第二性的质"的区分，他列举的"第一性的质"包括静止、广延、形状、运动和数目等，是数学和力学处理的对象，对应着外部物体固有的性质,而像颜色、声音、味道等属于"第二性的质",并没有精确的外部对应物,只是物体细小而不可感的各部分的体积、形状和运动(属"第一性的质"),在心灵中引起的观念。

我在这里提请读者注意,培根曾希望通过复兴古代的原子论(视天地万物为细小不可感的各部分的集合体),来实现对自然界的理解和征服。在洛克身处的时代,盛行以机械原理来解释所有自然现象,原子论的复兴几成事实。霍布斯,还有笛卡尔的好友、法国哲学家皮埃尔·伽桑狄(1592—1655)都以伊壁鸠鲁的原子论哲学的复兴者自居。英国哲学家、剑桥大学的柏拉图主义者拉尔夫·卡德沃思(1617—1688,洛克病逝于卡德沃思的女儿玛莎姆夫人的家中)称原子论为最好的理论体系,可解释除生命现象之外的所有运动变化。原子论历来与无神论形影不离,不过皮埃尔·伽桑狄和拉夫·卡德沃思否认二者之间有联系。霍布斯和笛卡尔(与培根一样)也并不是在严格意义上接受原子论的,他们把物体视为不可感(但并非天生不可分)的极细小微粒之组合体。洛克的好朋友、著名化学家罗伯特·波义耳(1627—

1691)向世人显示了原子论在研究自然变化时的实用价值。

洛克对"第一性的质"和"第二性的质"的区分,使他在过世后招致了贝克莱(1685年生,1753年死于爱尔兰克洛因教区主教任上)的批评。

值得一提的是,正如我们看到的那样,三位伟大的英国哲学家,前后薪火相传,最终铸就了哲学史上的经验论(人类关于外部世界的知识完全源自感觉经验)。洛克、贝克莱和休谟这三位奠基者,恰好分别来自英格兰、爱尔兰和苏格兰。

洛克是一位典型的英国绅士,有日常实际感,在思辨时不那么信马由缰,忽视庞大体系,不拘泥于理论内部的逻辑自洽性(consistency),避免走极端。

洛克的哲学著作陆续写于他忙碌的公务生活之余,他与政要沙夫茨伯里伯爵过从甚密。沙氏曾任英王查理二世治下大法官、上议院议长、贸易殖民委员会主席等要职,可惜在荷兰赍志而殁,但对确立君主立宪制的1688年光荣革命贡献很大,而洛克是沙夫茨伯里伯爵的医师、秘书兼顾问。

第八章　英国三剑客

贝克莱

贝克莱虽然不是纯正的爱尔兰血统，但他的才华、个人魅力，还有对不那么实际但充满吸引力之目标的向往——比如试图在百慕大群岛为种植园主和印第安人的子弟建立一所教会学院，以及晚年研究他认为有神奇药性、能治病救人的焦油水——都与爱尔兰的民族性格极为契合。在哲学方面，贝克莱不像洛克那样受物理学家和化学家的思维习惯影响之深，而是彻底追求自身思想的逻辑自洽性，不怕面对悖论，在思辨方面更加大胆。

贝克莱出发点是洛克的观点：人类知识的对象是观念，关于所谓外部世界的知识都来自于"感知的观念"（ideas of sensation），但他接下来把洛克、笛卡尔等哲学家的立场全部消解，认为"物体是观念的集合"，除了这些观念之外，没有必要去假定物质实体之存在。在贝克莱看来，根本不可能形成关于物质实体的任何概念。物质实体不可能是可被感知的对象，因为被感知的只是观念，而它被认为与观念有着本质上的不同。另外，物质实体也不像我们的心灵一样，自身可以去感知。伯克莱认为，我们有关于物质实体的意念（notion），但意念不等于观念（idea）。我虽从未感知到自己的心灵，但心灵之中的各种感觉却是我真切感知到的，由此在感知每个观念的同时，我都意识到了自己的存在。"物质实体"则不然，它并没有设定为具有自我意识，恰恰相反，正是因为它不具有自我意识，才使它区别于另一种实体，即心灵或精神。

那么，它到底应该是什么呢？洛克曾说，它是由坚实的、延展的、有形状的、可运动的各部分构成的，颜色、声音或香味并非它的本质。贝克莱反问，我们何以知此？既然对于物质实体无法直接认识，只能以观念为中介，那么如何能言之凿凿地说，某些观念与外物的性质相似，某些观念则与之无相似性？另外，外物只能以"观念"为中介，才能被感知，而"观念"又被定义为可被感知的对象。问题在于，外物既然被设定为与观念是截然不同的，它怎能与观念相似？观念只能与观念相似。最后，即便我们假设已克服上述理论困难，将外物设想为与观念相似的坚实、有广延的物体，难道就能想象没有"第二性的质"的外物吗？我们无法想象在看到它的时候却看不到颜色,在触摸它的时候却摸不到温度。

贝克莱得出结论,要推翻洛克的学说:我们只能认识感觉经验到的对象。洛克和其他哲学家一样,都认为有独立于人类感知的"物质实体"的存在,它们造成了这些感知,但被感知的并不是"物质实体"本身,而是诸观念。

对外物存在的否认,使贝克莱变得赫赫有名。传记作家博斯韦尔(James Boswell)在《约翰逊传》中记下了传主的一则轶事,"(约翰逊博士)狠劲踢了一块大石头一脚,脚被反弹回来,说'我这就是反驳他!'"

然而,这是对贝克莱的十足误读。贝克莱想要推翻的并不是感知有其对象,而是不可感知之物的存在,以此来强调我们所真实感知到的。当指出我们所感知到的与真实对象无异时,贝克莱与常识并无二致。当他进一步宣称,万物的存在,即系于被感知,我们马上会情不自禁地提问:当某物没有被感知时,它还存在吗?贝克莱会这样回答:如果某物没有被任何有意识的存在体所感知,那么,它是不可能存在的,因为如果追问"存在"的确切意思是什么,我们会发现,说"某物存在",意味着它作为感知的对象。如果将它想象为不被感知地存在着,我们事实上只是在不构想一个"有人感知到它"的观念的情形下,想象着它。这种由主观引起的观念,叫做想象观念;还有一些观念与想象观念不同,它们"更为强烈,更为活跃,更为清晰。它们是稳定的,有秩序的,而且是互相衔接的,它们并不是意志的结果,并不能任意刺激起来;它们是在有规则的系列中出现的",贝克莱把这些观念叫做感觉观念(ideas of sense)。感觉观念形成固定的集合,标志着一种稳定的存在,这就是所谓的"外物"。

感觉观念的出现如此有规则,我们自己不可能凭主观产生它们,加上不可思考或不可感知的"物质实体"之假设已被证明难以索解,我们唯有将它们的产生记在全知全能全善的精神实体(上帝)名下。这些感觉观念之间的"神妙关联"(我们称之为自然规律),充分证明了上帝的智慧和仁慈。

实际上,我们并不能在各种观念之间找到任何必然联系,只是凭经验观察到自然的规律,"如果没有这些规律,那我们会陷入不定和纷乱中,成年人会像新生儿一样,不知道在日常生活中,该如何自处"。我们有时把某一观念称为另一观念的原因,比如火是暖和的原因,只是出于日常语言的方便计。但观念始终只是不可独立存在的感知而已,因而"认为观念有一种能力或能动作用,并认为这一观念是另一观念的原因,实则这是最荒谬、最不可理解的"。

只有精神是有理由推定的唯一能动存在体。我们自己是精神,因为以能动为标准来看,我们具有创造想象观念的能力。由此进一步推论:创造了我们心灵中连贯的感觉观念的是一位超自然的精神存在(上帝),便也是合情合理。这些感觉观念(它们构成了我们口中的外部世界)可以被视为上帝与我们交流的"神圣语言"。

我们必须指出,贝克莱的推理堪称"天衣无缝",他其实赞同洛克"所有关于物体的知识都来自于感觉"的观点,在贝氏看来,如果将洛克这一观点处理得更加自洽,就根本没有必要抱持物质实体存在于心灵感知之外的信念。若外物存在之信念灰飞烟灭了,我们就不用将经验中观察到的自然秩序归结为物质实体的运动或各部分之间的必然联系,而是可以归结为使我们获得直接知识的唯一秩序原则,即上帝的意志。

贝克莱觉察到当时流行一种哲学趋势，认为上帝的性质可以在物质系统中得到表达，以此"省却"（至少是斯宾诺莎的）上帝。贝克莱的研究向世人显示了，流布甚广的洛克哲学不仅无法有此必然推论（洛克自己也没有得出这样的结论），而且这种"无神论"推论根本上与洛克哲学相抵牾。

休 谟

不过，贝克莱对洛克哲学"六经注我"式的解读，也被休谟套用在了贝克莱身上。大卫·休谟（1711—1776）是上文提到的英国哲学三剑客中的最后一位，生于苏格兰爱丁堡。除了以哲学蜚声海内外，休谟还是史学名著《英国史》的作者。如果说在洛克那里有太多英格兰式的妥协精神，在贝克莱那里太多爱尔兰式的天马行空，他们的追随者大卫·休谟将二人的妥协精神与天马行空在自己的著作中实现完美互补。正是这位有着敏锐智力和冷静性格的苏格兰人休谟，使得由洛克发其先声的感觉主义的知识理论中一些极端的议题浮出水面。休谟在《人性论》（*Treatise of Human*

Nature）中完成了此项任务，但该书1739年出版时无人问津，他曾经沮丧地说："它从印刷机中刚生下就死了。"

贝克莱论证说，迥异于观念的"物质实体"之设定既无必要，而且也不可索解。休谟在《人性论》中以其人之道还治其人之身，认为贝克莱的论证也可以用在贝氏所保留的"精神实体"上。因为除了据说精神实体"拥有"各种感知之外，我们对它又了解多少呢？

如果（就像贝克莱）对感知到的事物与感知本身未加区分，那么"观念"（和"事物"）是精神实体的变异这一理论，与斯宾诺莎"可怕的假设"——世间万物都只是唯一实体（上帝）的种种变异，并没有任何分离的或个别的存在——有何实质不同呢？可见斯宾诺莎这一假设与精神实体学说委实有亲缘关系，不少支持精神实体学说者却极为厌恶斯宾诺莎的哲学。实际上，除了个人的感知之外，我们不知道还有什么别的东西有资格被称为"实体"，即因自身而存在之物。

贝克莱曾说，观念之间的关联完全是任意的，只有经由经验方能知晓。不过休谟没有跟随贝克莱的思路，通过将这种关联归结为上帝的意志，而使它成为可理解的。在休谟看来,"意志在这里虽被当做一个原因,可它和它的结果之间并没有一种可被发现的联系"。

休谟用"知觉"(perception)代替了洛克的"观念",并将"较不强烈,较不活跃的知觉"定义为"观念"(idea),将"较活跃的一切知觉"称作"印象"(impression),"我们的一切观念或较微弱的知觉都是印象或是较活跃的知觉的摹本"。休谟认为,因与果之间可被发现的唯一联系,是如下恒常经验的结果:后面的印象或观念始终紧随前面的印象或观念而出现。

休谟上述讨论的结果便是走向完全的怀疑主义。洛克认为,除了通过单独的各种感知("反思观念"也被描述为内感官的各种单独感知)所得经验而来的知识,不可能有别的知识。我们会发现,洛克的这一观点到头来无法将这些零散的感知整合进一个一体化的经验或世界里——从天赋观念,到外部世界,乃至心灵或灵魂,种种解释都难真正自圆其说。从实际上看,各个感知是联系在一起的,但这种联系只是一种事实。看起来属于某种关联的所谓必然性只是我们的习惯,而并非独立于我们感知的事物本身的性质。一切从经验而来的推论都是习惯的结果。

在数年后出版的《人类理智研究》一书中,休谟的哲学观点表达得更为犀利,也不像《人性论》那样有着一环扣一环的论证形式,他还删掉了反对灵魂实体的冗长推理。毫无疑问,这么做的原因一定程度上是为了更易阅读,但他自己一定也感到些许不安,毕竟当提到"我们""心灵""理解"这些词汇的时候,否认灵魂实体的存在不可能不与之产生矛盾。对于正在发出疑问的自我,笛卡尔认为不能质疑其存在。也许笛卡尔是对的。虽然在《人类理智研究》中去掉了最具怀疑主义精神的文字,哲学史中的休谟仍然不失为一位"怀疑哲学"战士。

本章篇幅有限,对休谟的同乡托马斯·里德(1710—1796)等人所代表苏格兰常识学派只能一笔带过。为了对休谟的怀疑主义"拨乱反正",苏格兰常识学派以常识立论,附和笛卡尔,重申了"天赋观念"的存在,而这是洛克、贝克莱和休谟所否认的。

第九章　康德和同时代哲学家

哲学的哥白尼革命

现在，让我们立刻把视线转向德国哲学家伊曼纽尔·康德（Immanuel Kant）。康德祖上来自苏格兰，他1724年生于普鲁士的柯尼斯堡，1755年开始在柯尼斯堡大学任教，直到1804年逝世，一辈子没有离开过故乡。

康德曾感叹，"休谟把他从独断论的沉睡中唤醒"，然后发现苏格兰常识学派的常识原则根本无法让他再度入睡。"独断论的沉睡"，康德指的是煊赫一时的沃尔夫之流的哲学。沃尔夫（Christian Wolff，1697—1754）将莱布尼茨的学说掐头去尾，简化为一个井然有序的体系，然而对人类理解自然存在本身的能力过于自信独断，根本没提出疑问。

自然科学以寻找外部世界的各种因果关系为己任，休谟有理有据地否认因与果之间的必然联系，使得因果关系仿佛只是我们的心灵习惯，同时也对人类理解自然存在本身的能力提出质疑，这一怀疑使康德醒悟到，哲学的当务之急应该是停止独断，而采取批判态度。

康德的意思是，在独断地宣布何者为真、何者为假之前，首先需要审视我们的各项智性能力，看看它们在多大程度上能胜任对万物真正本质的理解。康德由此把他的哲学叫做批判哲学（critical philosophy），并给自己的三部主要著作命名为：《纯粹理性批判》《实践理性批判》和《判断力批判》，分别对纯粹理性、实践理性和判断力这三大智性能力进行梳理。

《纯粹理性批判》发表于1871年，康德认为这部作品在哲学领域造成的革命，堪比天文学的哥白尼革命。有似于哥白尼的惊世骇俗观点（天体运动只不过是我们身处一个运动的地球所造成的表象），康德指出，外物在空间中的位置与广延,在时间上的前后相继(或同时出现),都只是由于我们感官的特殊结构所造成表象而已。由于有事物的前后相继,才能设想因果关系存在(即此前后相继并非偶然而是必然的)。休谟说因果关系存乎心灵的习惯,而并非存乎事物本身,这是他的一大贡献。但就像哥白尼理论没有让天文学落入怀疑论一样,休谟的学说也不应该误入哲学的怀疑论,而是应该迈向一条康庄大路,即认识到我们的官能本身的特性决定了对外物的知识有着不可避免的局限,我们也无须怀疑外物是否存在,因为如果外物不存在,那么它根本不会向我们呈现任何形象。

可惜休谟还是陷于怀疑论不可自拔。但这是由于他认定,心灵在知识的获取过程中只是起到被动接受"印象"的作用,而对于知识的构成毫无贡献。与之相反,康德提出,数学推理本身就足以表明,心灵可通过自身的资源产生真正的知识。

计数(对想象数字的建构)是得到具有确切性和普遍性的真实结论的唯一方法。从感官经验而来的结论,则永远不可能是确切的以及放诸四海而皆准的。因为任何可感之事物，绝对不可能彼此完全一样；在纸张上划线，也永远不可能划出完美的直线。即便此时此刻可以做到，我们也没法像对数学结论那般自信，保证在彼时彼刻依然能做到。心灵通过自己的资源生产出真正的知识，由于这种知识关涉的是时间与空间的性质（首先要能计数，才能说：这发生于之前，之后，或同时），因此它并非超然于万事万物知识之外。我们所知觉的万物都在空间中，而所有事件，包括我们自己的知觉行动和思想在内，都在时间中，因此关于万事万物的知识必定包括了心灵通过自己的资源生产出来的知识，这正是康德所说的——先验知识。

康德的同时代人，很容易将他的学说（"我们所知觉的万物不过是现象"）混同为贝克莱的"万物皆观念"。被人误解为贝克莱主义，这可相当不妙。于是1787年的第二版《纯粹理性批判》，增加"对唯心论的驳斥"一节，康德花了一番力气解释自己与贝克莱的不同：他自己的哲学是"批判"哲学，我们直观到的事物并不是事物本身（物自体），只是它们对我们的呈现，从而只是表象，相比之下，贝克莱的哲学是一种"独断论"哲学，宣称我们所知觉到的事物就是事物本

身,这种"神秘主义的、狂想的唯心论",

> 把空间连同空间作为不可分离的条件所依附的一切事物都宣布为某种自身不可能的东西,从而也把空间中的事物宣布为纯粹的幻象。

在康德看来,贝克莱将知觉着的心灵视为真实存在的,而将被知觉的事物看做仅仅是心灵中的观念。康德认为,被知觉的事物和正在知觉的心灵一样真实,而我们只在知觉事物时才能意识到心灵的存在。在经验之中,知觉者和被知觉者同样真实,但是,以正在知觉的心灵之表象呈现给我们的知觉行为本身,以被知觉的事物之表象呈现给我们的它们自身是什么,对此,我们都不知道,也不可能知道。康德的技术语言将这表述为:外部世界在经验上是真实的(与经验中的其他事物一样真实),但在先验上(transcendental,在经验之外)是"理想的"(ideal),也即非真实的。

于是在康德看来,知觉是对已在时空中的对象(即表象)的知觉,而不是对物自体的知觉。上述看法,尤其再加上康德既不同意洛克将知性降格为对知觉的简单加工,也不赞成莱布尼茨将知觉视为扭曲了的知性,会让人怀疑康德可能会像柏拉图一样认定,知性(understanding,虽然不是知觉 perception)对现实早已谙熟于心。不过,康德的真正观点是,知觉与知性这两种感官能力,彼此泾渭分明(所以不能把一方视为另一方的形式),但也相互依存,所以没有知性情况下的知觉和没有知觉情况下的知性都不能单独给我们提供任何知识。比如若没有知觉,知性就没有材料可去理解。

如果从因果概念来看,休谟对原因的讨论可以说对康德产生了巨大影响,正如休谟所明示的,因果的单独"印象"(或知觉)——有别于具体情况下分别被称为因和果的外物的"印象"(或知觉)——是不存在的。因此根据休谟和康德的看法,两个对象之间的这种因果关系既然并非来自单个知觉,就必然是由心灵所提供。对康德来说,时空中的外物都是心灵活动的结果,但这并不意味着因果关系就必定不适用于外物。不使用像因果这样的概念,我们就无法理解自己所知觉的东西,康德把这些概念称为"知性概念",或者"范畴"(category)。范畴产生于知性,但能运用于被知觉的物体身上。更确切地应该说，范畴只能运用于后者身上（这一点是康德特别强调的）。

上帝、灵魂和第一动因

这也带来了"第一动因"问题（没有事物是在"第一动因"之外或之前的），因为"第一动因"永远不可能被知觉为时空中的物体。空间中的物体必有外在之物，时间中的事件也必有先在之事，因果范畴无法适用于不能被知觉为在时空中的物体。我们可以想象还没有被知觉到的动因（比如尚未被发现的星球或细菌的运动），但却无法想象在任何情况下都无法被感官知觉到的动因。

但康德敏锐地看清，人类心灵不会满足于将思辨仅局限在可以被感官证实的事物上。我们总是设想自己可以通过思辨，获得关于物自体的知识，却也总是发现自己误入迷途，大惑于相互矛盾的论断竟都能各自成说。比方说，很容易给出强有力的理由证明世界不可能有开端，也很容易证明它没有开端。这说明，只要我们待在"可能的经验"之范围内，各种范畴就能帮助我们积累知识，但一旦越过此范围，我们就必然碰钉子。然而，如果我们不愿意永远陷入这样的死循环：回答一个一代又一代人不断琢磨的谜团，却绝无希望抵达真正的答案，那么，究竟如何才能像在自然科学中一样，找寻动因之背后的动因，以至于无穷？

难道我们不是始终确信身处的这个世界是一个无所不包的系统，它必然作为整体而存在，必然有着确定特性，有待于我们投身其中慢慢发现？虽然无法将它描绘给我们自己，因为一旦描绘，就只能是世界中的某物，而非世界本身。

关于这样一个系统（或世界）的思想，用康德的词汇，叫做"规约的理念"（regulative idea），而非"建构的概念"（constitutive notion），也就是说，它引导我们的心灵逐步获取知识，但并未对所获得的知识添加新事实。康德慨叹，idea一词之内涵在近代以来不断降级，已经沦为心灵中的任何对象，他致力于回归如柏拉图那般对idea的正确使用，用它来是指代比经验更完满、更令人满意的概念。康德的理念（idea），从它比知觉对象更完善、更优越这一点看，与柏拉图的idea很相似，不过二者的最大区别在于，在康德看来，它们不能被感官所知觉,因此不能被视为真正的对象,因此只能是理念(idea)。

然而理性又情不自禁想要建构这些观念。(当我们的心灵越过对所知觉之物的理解,开始思考作为整体的现实界时,康德称之为"理性"而非"知性"。)若无这些观念,我们的知性便会因为失去一个永远推进却始终无法抵达的目标而失去绵延不绝的动力。康德认为有三类这样的理念:"第一种是完整的主体理念,即心理学的理念;第二种是完整的条件系列理念,即宇宙学的理念;第三种是一切概念在可能的东西的一个完整的总和的理念中之规定,即神学的理念。"换句话说,第一种是实体灵魂的理念,这也是对心灵科学来说永远"瞻之在前,忽焉在后"的目标,心灵科学所能看到的仅仅是心灵的某些有意识状态;第二种是第一动因之理念,这是自然科学永远不可企及的目标;第三种是无所不包的现实理念,这是哲学永远不可企及的目标,哲学即便在最极端的二元矛盾中,比如笛卡尔所述的思想和广延之间,都试图找到一种更加根本的统一体。这种统一体,笛卡尔和康德两人都以上帝名之。上帝、灵魂和第一动因,其存在不仅在于这个世界的创生,而且更在于自由行动(这一点是更触动我们的),比如我能在真实意义上称之为"自己的"行动。——康德说,所有这些都是我们的理性所情不自禁提出之问题,却无法回答。许多人曾经言之凿凿地证明上帝之存在,也是徒费工夫。

实践理性

在康德看来,所有这些证明最终都有赖于一个证明,即上文提到的本体论证明。康德特别致力于废除本体论证明,因为它淋漓尽致地表达了人类对于思想把握物自体的那种爆棚的自信,而且本体论证明也是"独断论"哲学之要塞,"批判"哲学要代替"独断论"哲学,就非得攻陷它不可。康德认为,我们不可能想象某物是另外一种样子,并不能保证该物由此独立于我们的思想,因为我们没有理由假定物自体就是呈现给我们的那个样子,否则这种巧合便十分奇怪。但是,如果关于上帝存在、不死灵魂以及意志自由的所有证明不可避免是虚妄的,康德时代那些自然宗教的重要文章就要被一股脑地从知识领域移除,而转到信仰领域。信仰,指的是某人坚信某物为真,并且遵此为行为准则,但未能完全从智力上证明之。为了理解康德为什么认为"上帝的存在""我们是自由行动者""灵魂不死"有足够的理由被遵为行动准则,就需要从他的知识论转向实践论。

1788年,康德推出了《实践理性批判》。前作《纯粹理性批判》处理的是人类的知觉与知性,《实践理性批判》的中心则是人类的意志。根据康德的说法,人类意志是"实践理性",因为不像动物的纯然出乎本能的意志,人类的意志总是与理性相关,总是与眼前的某些目标相关。每一个被考虑到的行动,都嵌入了更大的行动计划中,不论是为了推进某人的事业,或增进某人的快乐,或作为某人责任的一部分。而康德认为,在作为某人责任的一部分这种情况下,必须是无功利地去意愿。道德上的好行为的一大标志便是:这么做并不是为了取得快乐,也不是为了获取利益,而只因为它是正确的,这是对(用康德的术语来说)"绝对律令"(categorical imperative)的服从。所谓"绝对律令",是指以直言句式表达,没有条件句,并非"如果你可以避免这个","如果你可以做这个"，而是无条件的律令。

再也没有别的概念比绝对律令的无条件义务性，更让康德花心思强调的了。康德认为，虽然日常淳朴良知的判断中已经暗含绝对律令，但绝大多数的道德哲学家都未能清晰理解它。17—18世纪，尤其在英国，涌现了大量道德哲学方面的著作，而其初衷是为了驳斥霍布斯的学说。霍布斯哲学普遍（虽然可能不那么正确地）被理解为这样一种道德哲学：道德是政府所任意施加的。一些反霍布斯主义者，特别是上文提到的拉尔夫·卡德沃思和萨缪尔·克拉克（Samuel Clarke，1675—1729，牛顿的好友，莱布尼茨的通信者）坚称，道德真理与其说有赖于上帝或人类的意志，不如说有赖于数学。他们在哲学中采用数学和逻辑的方法，试图将道德哲学建立在一个自明的基础上。还有一些道德哲学家，如沙夫茨伯里伯爵三世（1671—1718，以不同意他的老师洛克放弃"天赋观念"而著名），还有苏格兰教授弗兰西斯·哈奇森（Francis Hutcheson，1694—1747）思考的是一种自然能力的存在，即如同能区分美丑一般，人类能通过自己的内在品味，分辨道德上的好坏。

第九章 康德和同时代哲学家

休谟同意沙夫茨伯里伯爵三世和弗兰西斯·哈奇森的看法（"我们的道德判断系于情感而非理性"），不过在休谟看来，情感自身起源于——不仅行动者自身，还包括其他人或所有人——对有益行动的满意感。休谟的好友、现代政治经济学的创立者亚当·斯密（Adam Smith, 1723—1790）也在应该做或不该做某事的道德判断中看到，我们若不是当事人，而是这样一个行为的不偏不倚的旁观者时，移情作用便产生了。

在康德看来，上述各观点对于无条件义务的意识感缺乏应有的承认，而这种无条件义务的意识感实乃道德判断的真正特质。道德观与康德最为接近的道德学家当属上一代学人——英国神学家约瑟夫·巴特勒（Joseph Butler，生于1692年，1752年去世于杜伦地区主教任上），他强调良知"自我呈现的权威"。康德似乎并不熟悉约瑟夫·巴特勒的作品或观点，不过即便康德读过，也肯定会断言，观点与自己最相近的约瑟夫·巴勒特将"合理的自爱"也作为道德行为的动机之一，实在是误入歧途。

在某些方面更贴近康德的道德观恐怕要在同时代的

哲人——英国的理查德·普莱斯（Richard Price，1723—1791）——的作品中才能找到。理查德·普莱斯是一位持异见的朝中大臣，1789年法国大革命开始时，公开表示支持法国革命，对埃德蒙·伯克著名的《对法国大革命的反思》予以反驳。

康德很可能对普莱斯一无所知。普莱斯虽然认为除了无条件的义务，再也没有其他动机与真正的道德相容，但和其他的英国道德学家一样，他在前后逻辑自洽性方面与康德相差甚远。在将道德塑造为理性对象而非情感对象上，普莱斯与康德一致，而与休谟和亚当·斯密相异。普莱斯是拉尔夫·卡德沃思和萨缪尔·克拉克的追随者，但我们发现他也严格区分知性（understanding）的"思辨"和"道德"，预见了康德区分理论理性（纯粹理性）和实践理性的重大理论贡献。

康德认为理性是人类唯一处理完美或完整对象的官能，而道德义务的无条件性仅能由理性所领悟。但康德强调，在真正领会到要遵守的无条件律令，与仅领会到作为"规约的理念"的无条件律令之间有着相当大的距离。"规约的理念"禁止我们满足于被条件化的某物或依赖于某物，但从不把未被如此条件化的对象呈现给我们。

康德将"实践理性"置于"理论理性"之上,这就与自古以来哲学家通行的做法不同。在亚里士多德看来,在所有人类活动中,认识活动是最高等级的。在新柏拉图主义者和经院哲学家心目中,生而为人苦苦追寻的目标是一种关于上帝的当下即现的知识——"被赐福的异象"(beatific vision)。德行和虔信只不过是指向了通往这种知识的道路。对斯宾诺莎而言,上帝在心物平行体系中展现自身,人类最高尚的状态是"对上帝的理智的爱",经由对心物平行体系的充足知识而抵达。

洛克一派的英国哲学家们倾向于思考人类知识的局限,但这种看待知识的方法在康德所成长的启蒙时代的德国文化人那里堪称异类。在启蒙时代,知识被赋予特殊价值,对无知者的偏见呈碾压之势。

根据康德的自述,他在天性上是一名知识追求者,并且一度轻视那些未受教育、没有知识的普罗大众。但现代民主的先知、伟大的法国思想家卢梭(Jean Jacques Rousseau,1712—1778)改变了康德,康德开始认识到,人不能因拥有知识而自视甚高,自认为凌驾于他人之上。恪尽天职这样的德行有其内在价值,而这是所有人都能做到的,无论贵贱,无论受教育与否,追求知识、为知识而知识只是一部分人(包括康德)的天职。不过值得留意的是,虽然卢梭让康德意识到,追求知识是一小部分人的事业,与关涉所有人的道德践行比起来,仅是"支离事业",但康德没有像卢梭一样,将道德视为一种情感,更走向了卢梭的反面。

康德生活的那个时代,卢梭的极端重情主义(sentimentalism)非常流行,康德反其道而行之,尽可能将道德中的情感成分剔除。他不仅坚称,一种道德义务除非与自身利益或喜好相冲突,否则永远无法确信它应是任何行动的动机,有时甚至提到,某个行为如果让行动者以快慰,那就不可能是出于正确的动机。

连极仰慕康德的大诗人席勒(1759—1805)都对这种道德观吃不消,写了几句讽刺性的小诗:

我乐意为亲友们效劳,可是 / 唉!这样我就有对他们偏爱之嫌了。/ 于是有一个问题折磨着我:我是否真有道德？/ 这里没有别的办法：那就尽量蔑视他们，并心怀厌恶 / 去做义务要求我做的事吧。

康德的道德观让诗人感到不快，这其实非常自然。不论道德是何种情形，艺术家要表现美，首先当然必须感受到美。在《判断力批判》等后期作品中，康德开始思考我们关于美的判断。康德之前的哲学家假定审美判断仅仅表述的是各人自己的喜好，而到了康德这里，就如道德判断一样，审美判断也是普遍公认的，如果二人观点相左，必定有一位是错误的。在康德看来，通过宣称审美判断是普遍公认的，表明这是在诉求在品味方面人类的一致感受。不过，当宣布道德判断是普遍公认的时候，康德认为，我们必须诉求理性的普遍原则，而感受则与理性素无瓜葛。实际上，个体应该亲身认知这些原则的权威性，只要他还没有在自己的理性或良知中感知它们，而只是以服从作为实现其他目标（比如得到上帝或他人的宠幸）的工具，那就不属于真正的道德行为。另外，因为这些普遍原则是他自己理性的一种表达，所以它们不具有私人性。每个人都是作为"理性人"而意识到普遍的道德原则，因此所有其他"理性人"也必然意识到它们。

意志自由

当认识到道德律令，个体便也看到了自己的意志自由。因为知道自己应该去意愿、去做哪些事情，对于自己能够去意愿、（只要他的意志不受阻碍）能够去做这些事情，他便不可能再有任何疑问。认识到道德律令及其隐含的意志自由，随之而来的便是能认识到所有其他理性人（都意识到道德律令）平等地拥有同样的自由，然后便是想象理性人同属一个共同体或王国，该共同体或王国由遵守同一律令的义务感而维系。而这前后相继的三个道德境界，奇异对应了法国大革命所高举的自由、平等、博爱三大口号。法国大革命的目标便是给康德在人类的道德天性中所发现的根本事实予以政治上的表达。当法国大革命爆发时，康德的欣喜之情丝毫不亚于同时代的英国哲学家普莱斯。

道德蕴涵了意志自由，康德在其中发现这给理论理性提出了一个不可避免又无法解决的问题，而对实践理性来说，

第九章　康德和同时代哲学家

它不仅是个"问题",更准确地说是个悬设(postulate)。人在行动时,注定要如同自己是自由的那样而行动。然而,每个行动既然是时间中的一个事件,不管是从旁人角度观察,还是行动者在行动之后反思,行动都不可能是自由的。像任何其他事件一样,它必须有发生在前的相关事件。在科学研究中起支配作用的因果原则会让我们陷入为它寻找原因的迷局中不可自拔,即便我们无法成功找到原因,也早已预设其存在。就这样,我们的行动作为现象,是被决定的,即便它们是且仅能是在自由观念之下被执行的。康德的自由学说与其说是解决了难题,倒不如说是陈述了难题。

当一位思想家的科学意识和道德意识同样发展到了非同寻常的程度,他的思想特征就必然不可能为了一方而牺牲另一方:将自由意识仅仅处理为一种幻觉——没有自由意识,我们所有的道德生命会变得毫无意义——或者是假装身为科学主义的旁观者能够满足于时间中的事件具有绝对的原发性。如果他倾向于认为道德意识比科学意识更接近现实的内在本质,倒是有支持的论据:道德意识与实际正在做的事物联系在一起,而科学意识面对的只是已然发生的事物。

关于意志自由，康德能够称，有充足的理由让我们依意志自由而行，但还不足以在思辨上打消对它的怀疑。关于永生和上帝，康德持同样的见解。我们意识到无条件义务的存在，需要遵此无条件义务而过自己的人生，就好像我们在向着一个永远不可能抵达的理想前进，就好像冥冥之中有一位上帝，在他的统治下，道德的地位至高无上。科学调察永远不可能将实践理性的这些"悬设"变为确凿的事实。因为二者都无法被感知为时空中的事物。但是出于同样的原因，科学调查也不可能对二者进行证伪。永生、上帝和自由，都不是知识的对象，而是信仰的对象。

康德在《纯粹理性批判》中称，物质世界或心灵世界的真正本质是不可知的，我们只能认识物自体在时空中所呈现的样子。虽然人类情不自禁会去思辨物自体本身，但这些思辨无法拿到经验中去检验。尽管如此，《纯粹理性批判》仍然极力主张，我们应该义不容辞地遵照自己所思辨到的去行动，就仿佛思辨到的符合事物之本相。即便我们一旦行动，这些行动看起来就不是我们对它们的假定，即自由意志的结果。

第九章 康德和同时代哲学家

在第三部也是最后一部批判《判断力批判》中（因篇幅有限，这里无法对康德为何采用"判断力"这一术语展开解释），他发现有一些现象，我们不可能脱离"目的"（final cause 或 purpose）去谈论它们。没有目的，我们无法行动，但目的在科学或知识的理想型——数学或物理学中却是没有一席之地的。

这种现象分两类。第一种我们称之为美。虽然当我们认某物为美时，并不总会去思考它的目的，但还是会把美视为并非偶然，而是被创造出来的，就像艺术品的美是在艺术家的目的或意志下完成的。不过，这里仅仅谈到的是某些对象的知觉所引起的内心感受。我们无权将美赋予那些为科学的知性而存在的对象。科学的知性以物理学原理来解释事物的来龙去脉，与事物之美无涉。还有一种对象，不赋予其目的便无法描述，这便是生命体，比如动植物。虽然我们在生命体身上也尽可能运用科学解释，但关于生命体，始终有一些现象是科学无法解释的，如各部分为了生命体之整体目的而做出的调整。不过，我们只能说，如果不引入造物主设计之假设，无法解释这些对象的本质，但是不能断言如果没有造物主设计，生命现象就一定不会存在。

康德为哲学开创了一个新纪元。人类长久以来不断追索的思想线，先驱者原本持乐观主义态度，到了康德哲学，逐渐展开为一条自我毁灭之途。而这一切源自于笛卡尔放弃"心灵能够认识独立存在的外部世界"的传统观念。笛卡尔怀疑一切，可确信的只剩下他自己思想的存在。不过通过思想中所蕴含的"上帝存在之本体论证明"，笛卡尔相信他已经将之前暂时放弃的悉数恢复。康德否认我们的诸多观念中有这样一个观念"天赋异禀"，竟可确证外部世界之存在，就这样，笛卡尔所建的心灵与现实世界之间的桥梁又被拆掉了。如果康德是正确的，那么我们心灵唯一可接近的只是现象世界。

洛克学派主张，我们的知识中看起来是心灵之功的那部分，不属于外部现实。康德则在经验中的每个可能对象中，都发现了"心灵之功"。由此我们便不能说，原因等观念因为产生于心灵，就一定不适用于外部对象，不过与此同时，我们也必须认可这些对象并非物自体，而仅为现象。在很多人看来，康德在思想领域所造成的"破坏"，足与法国大革命在政治领域相媲美。

在思想领域，康德推倒了长久以来摇摇欲坠的旧秩序思想大厦，但又为一个崭新的起点扫清了障碍。哲学在数学和物理学所展现的那种共识方面，进展全无，这标志性地证明了哲学的衰落。康德呼吁人类的理性在承担更多任务前，应审视自己的原生力量，盘点可供驱使的工具，野心不要太大，愿景不妨更美好。

第十章　康德之后

绝对知识的可能性

康德有如一道惊雷。康德之后的时代里，德国的哲学活动与贡献远超欧洲其他地区。正如在政治革命的发源地法国，大革命之前的旧政权似乎一夜之间就变得那么遥远，与大革命后的各种矛盾冲突毫无关联，在当时哲学革命的发祥地德国，康德之前的哲学思潮也遭遇了同样命运。就欧洲哲学整体而言，康德哲学的影响委实太深远，如果说今天的哲学思想中的条条大路都可回溯至康德，也并非言过其实。

因此为方便起见，本章在讲述 19 世纪哲学时，拟专论几位最重要的哲学家,他们或是推进了康德的思想,或者是对康德有所批判。因此,许多重要的名字不得不省略。

康德学说中,初读最扎眼之处,也可能是最未结出硕果的地方(因为他对超越经验的界限是迟疑的),就在于康德否认心灵可以接近终极现实,并将心灵的触角限制在现象知识的范围里。此一观点成为了法国哲学家孔德(Auguste Comte,1798—1857)"实证主义"的思想基础。孔德更进一步将人类科学的范围框定在外部现象(由此移走了心理学),并且是太阳系的外部现象(由此移走了恒星天文学)。类似的立场也能在苏格兰哲学家威廉·汉密尔顿爵士(William Hamilton,1788—1856)及其追随者圣保罗大教堂牧师长亨利·曼塞尔(Henry Longueville Mansel,1820—1871)的"知识的相对性"理论中找到。之后,影响深远的思想家斯宾塞(Herbert Spencer,1820—1903)在《第一原则》一书中,也强调知识的限度。但与威廉·汉密尔顿不同,更迥异于曼塞尔,斯宾塞无意于在超自然启示领域为信仰留出栖身之地。

值得注意的是,人类无法认识物自体,在这些哲学家

第十章 康德之后

看来，与其说是人体官能的缺点，倒不如说是所有知识的特点，而知识永远包含着主体与被认识的客体之间的关系。在这关系之外，我们不可能认识任何事物，这一点看起来无可辩驳。但还是留下一个问题有待回答，即被认识到的事物是否必然与无法被认识的物自体本身不一样？

上文提到的这些哲学家，他们关于知识之限度的学说被视为摈除了绝对知识的可能性。在康德《纯粹理性批判》问世后的半个世纪里，德国哲学经常提到绝对知识。绝对（absolute）一词有两层意思，二者经常被混淆。第一层意思是指不处在任何关系中，很显然任何知识对象都不可能与认识它的心灵毫无关系。绝对的另一层意思是完美或完全。在这层意思上，绝对被运用于"终极的统一体"。在终极的统一体之中，知识的两个方面——正在认识的心灵（或主体）和被认识的客体——必然全部被包含在内，正因为二者是如此相互联系的。讨论该统一体，就好像它是一个被认知的对象，这似乎很吊诡，但在思考知识自身的性质时（正如康德呼吁哲学家们去做的），我们发现自己事实上正在思考它，于是似乎应该给它一个名字。

在康德看来，在现象——现象是我们所能知的全部——之外，存在的着事物本身（"物自体"），但他有时又将它描述为本体（noumenon），也即我们思考但未感知之对象。将一个对象与我们对它的感知相关的一切特征，剥离掉使它成为现象的一切之后所剩下的，便是它。它是我们情不自禁去思考的，也是永远不可能被我们感知到的。于是毫不奇怪，会有一些康德的追随者认为若径自将"物自体"视为心灵中的产物，是对康德哲学的极大提升。在他们看来，凡是主张经验中尚有不属于心灵从自身资源中创造出来之物的，都是独断论思维——康德致力于清除——的残存，与批判哲学格格不入。

费希特与谢林

迈出这一步的是德国哲学家费希特（Johann Gottlieb Fichte, 1762—1814）。费希特不仅以哲学名闻天下，而且还是奋起抵御拿破仑、争取民族独立的爱国主义者。在费希特看来，被认知的对象和正在认知的自我，都完全是心灵活动

第十章 康德之后

的结果（康德将我们经验中除了属于物自体的那部分之外都视为心灵活动的结果），自在之物纯粹是一种多余的设定。当然，这不是你的心灵或我的心灵，毋宁说它不再是你的心灵，也不是我的心灵。

我们从未设定，当我们计数或从前提推导结论时，某种计数或推理方法只向自己开放，其他人并不知晓。虽然我们也许出于某种私人动机而去计数或推理，但将私人考量插入计数或推理过程，就会损害它。于是，我只能通过无视任何私人利益和倾向，才能判断何者为正确。我们进行正确思想或意愿时的这一心灵，费希特称之为"绝对自我"（absolute self），它才是进入我们经验的一切的源泉，是世界的本原，宇宙万物都是由自我展开、派生出来的。这也是费希特与贝克莱的根本不同，贝克莱在谈起外部事物时总是将之当做感受到它们的各个精神的观念。

如果我们问，为什么"绝对自我"在实际经验中总是将自身二分为认知主体与被认知的对象（非认知者），费希特跟随康德的观点（关于存在的深层秘密，可从道德经验而非科学经验那里窥得端倪），会这样回答：我们的道德生活要求自然界既是一种障碍物（对义务的遵从可以克服它），也是一种我们与其他自我交流的工具。有许多自我存在，每个自我都有自己的义务，在道德秩序——即绝对自我的完全表达——中扮演它的角色。我们可以称这一道德秩序为上帝，除此之外并无上帝。

在谢林（Schelling, 1775—1854）看来，费希特把自然设定为灵魂为了活动而"设定"或创造出跟自己对立的障碍物，甚或与其他灵魂交流的工具，即自然作为一种非我，只是由"绝对自我"来设定的，只是人类的一种材料，这是对自然界本身的精神意义的低估。从康德《判断力批判》中可知，艺术天才在自然界中发现的美中便散发着这一精神意义。谢林主张，自然是和自我具有同等地位的实在，并非只是自我的派生物。——此观点让我们想起斯宾诺莎笔下的实体（广延和思想是它的两大属性）。不过，谢林对费希特思想体系的这一"纠偏"，却将"绝对同一"（the Absolute）呈现为既非自然，也非心灵，虽然"绝对同一"作为终极实在是自然与心灵的基础，但它自己却被剥去了任何确然的特质。

第十章 康德之后

黑格尔

黑格尔（Hegel，1770—1831）一度非常欣赏谢林的哲学，但后来对这位同窗好友所得出的结论持批判态度，嘲笑谢林的"绝对同一"就像"黑夜里看黑牛，一团漆黑"。康德哲学中被排除于人的认识能力之外的智性直观（intellectual intuition）在谢林那得到了充分的发挥，谢林用"智性直观"直达"绝对"。正是在这里，黑格尔的哲学与谢林分道扬镳。在黑格尔看来，智性直观"缺乏逻辑发展的形式和过程的必然性"。除非能证明在研究心灵和自然的实际结构过程中，我们也正在解开"绝对"的结构，哲学的任务就不能说是已经完成。"绝对"并不是潜伏于幕后、对它自身的显现无动于衷、只由刹那顿悟捕捉到的某物，相反，它是活跃的，运动的，在它自身的显现中存在着，因此只有在我们对心灵和自然的结构进行艰苦卓绝的研究后，它才能向我们揭示自己。

黑格尔认为，谢林的智性直观是从基督教古老的三位一体学说中借过来的，即自我显现是至高实在（上帝）最隐秘的特质。黑格尔也不像谢林，将自然和心灵视为"绝对"的两大平行呈现,而"绝对"既非自然也非心灵。黑格尔更愿意把自然和心灵视作"绝对"自我显现过程中不可或缺的组成部分,舍此自我显现过程,"绝对"便无从谈起。

心灵(或精神)需要一个外在世界(在这一点上,黑格尔还是与费希特保持一致),但为了认识和运用外部世界,心灵(或精神)必须发展自己的能力。外部世界服务于这一目的,只因为它在心灵面前设置了一个自然以作为研究和借鉴的对象,而自然在本质上是心灵的产物。康德曾以原生于心灵的先天范畴(时间、空间和原因等)来说明对自然的科学解释何以可能。在黑格尔看来,当康德接下来说这些先天范畴都只是心灵加诸表象之上的而与物自体本身无涉时,就误入歧途了。因为如果康德所言属实,那么科学就会是一场幻觉而已,并非对实在(reality)的真确领会。科学确实是对实在的真确领会,因为现象是实在的显现。实在并不是躲在幕后永不显现自身之物。

在康德看来,心灵不得不接受为合乎理性的事物并不因为它的可理解性而被视为真实的,而将实在描述为心灵能够理解之事物,这是毫无根据的独断论作风。黑格尔则恰恰相

第十章 康德之后

反,他用非常类似柏拉图的口吻,说出这样的著名表述:"凡是合乎理性的东西都是现实的,凡是现实的东西都是合乎理性的。"在黑格尔看来,笛卡尔及其追随者在"上帝存在的本体论证明"中便内嵌了上述原则。由此,对于康德抛弃"上帝存在的本体论证明",黑格尔并不赞同。可理解的事物和真实存在的事物最终必定是同一的。因为,除了真实存在的事物之外,难道我们还可以理解或认识别的事物吗?而除了可理解性之外,真实存在的事物难道还有别的特异之处吗?

康德曾指出,正如不能说我头脑中的一百元就等于我口袋里有一百元一样,我也不能说,思想中的上帝就等于现实中的上帝。头脑中的一百块是关于某事物的想法,如果该事物存在,它必定是可触可见的,因为只有诉诸感官,关于它们存在的假定才能得到证实。但是关于合乎理性或可理解的终极实在(或为方便计,可称为上帝)的思想肯定是不为感官所感知的事物的思想。

如果说头脑中一百块钱的例子是恰当的,那么这里诉诸感官以求某物存在之证明,则可谓极不合常理。关于实在,我们可以合理谈论的唯一证明,是由知识的真正进步提供的。在心灵提出问题之重重压力下，外部世界供出了一个又一个秘密。但是，提出问题、甄别答案、查看这些答案中又蕴含哪些新问题——心灵开展这整个"事业"的支撑力来自于"本体论证明"所表达的信念，即在逻辑性地思考中（遵循它自身的法则），心灵正逐步揭开整个实在的真正结构。

黑格尔认为心灵推进的方法也有类于此。某些观点被提出，就好像它们囊括了全部的真相，然后其中的漏洞被发现，有人提出全然相反的观点作为补救。作为补救的观点也被证明有自己的漏洞。正题和反题，各自抽离出来时（在抽象状态），都是错误的，如果被视为相辅相成，就都是正确的，或各自是真理的一个方面。

正题与反题的提倡者就好比一则寓言故事里的两位骑士，为了某个盾牌是金色还是银色的而闹得不可开交，而实际上盾牌的一面是金色的，一面是银色的，这两位骑士各自只看到了一面而已。黑格尔用古希腊术语"辩证法"（dialect，在古希腊本意是交谈辩论的意思，通过语言交谈发现矛盾）来命名心灵的这一推进过程，因为它很自然地会进入争论状态，或是两人各持一端，或是同一位思想者"一人分饰二

第十章 康德之后

角"。就和柏拉图一样，黑格尔认为，这样的争论是哲学的唯一真正方法，因为整个世界其实是由和解了的相反相对者构成的，由此也只能通过矛盾（随之而来的是和解）来解读。

有什么能比磁铁的两极、左和右、上和下、过去和未来更加相反相对呢？然而若没有南极、左、上、过去，那么北极、右、下、未来就是不可能的，也是不可想象的，反之亦然。哲学和政治中也可以抽绎出同样的道理。甲不是乙，但甲乙都是"人"，在甲乙身上一定有"人之为人"的共通之处，不过，设若此共通之处便是"人"，而不是甲和乙，那么甲和乙的共通之处就会变成名叫"人"的第三者，我们也无法再往前推进了。所以哲学教我们必须认识到：普遍与特殊，单数的人和复数的人，它们之间是相互依存、相互指示的，不可能只有一方而没有另一方。在政治领域里也是如此，没有必要将无政府状态（无统治状态下的自由）和专制统治（无自由状态下的统治）完全对立，这两种情况的罪恶是相同的——肆意妄为。生而为人不能事事仰人鼻息，却毫无安全感。无政府状态下，和专制统治一样没有真正的自由。专制统治和无政府状态一样，缺乏真正的法律。真正的自由应该接受合乎理性的法律所施加的界限。真正的法律是因为它的合乎理性而被人所接受的。这当然是康德在说道德律时的题中应有之义。——只有在被认可为合乎理性，并且被遵守者视为良善之目标时，道德律才是得到了真正的遵守。

但是不可想当然地以为黑格尔对于康德的道德观举双手赞成。恰恰相反，黑格尔与康德在这方面有难以弥合的分歧。一方主张道德仅关心应该做什么，而一点不关心道德是什么，于是很容易想象如此场景：有些道德律虽然必须无条件地遵守，但实际上从未被遵守。这与黑格尔的原则（凡是合乎理性的东西都是现实的，凡是现实的东西都是合乎理性的）相抵牾，与康德在知识论方面的设定（感知到的事物不是事物本身，而我们又情不自禁去思考事物本身）则毫不冲突。在黑格尔看来，虽然许多事物看起来并非它们应该是的样子，但从整个宏观大背景来看，周边环境对它们进行了纠正和补偿，所以最终我们发现，现存事物正是应该存在的事物。在黑格尔看来，"存在即合理"也不同于上帝垂顾世人的宗教观，后者或以惩罚或以宽恕取消了恶，而若没有恶，就根本没有机会谈正义或怜悯。

第十章 康德之后

黑格尔将他的哲学命名为"绝对唯心主义"。唯心主义（idealism）是一个模棱两可的概念。柏拉图的哲学被称为唯心主义，因为他认为万物的本质只能由智力把握，而非感官能感知。贝克莱的哲学也被称为唯心主义，在于贝克莱主张存在即被感知，能被构想为独立于心灵的只能是另一个心灵。唯心主义在概念上的模棱两可乃是由于 idea 一词有两层含义。不过，在这两层含义上，黑格尔的学说都堪称唯心主义。在黑格尔看来，只有最持之以恒的努力，才能真正理解世界，因为世界的最深处本质只向心灵揭示。在心灵对世界的认知中，世界认识它自身，正如在认识世界的过程中，心灵认识了自己。诗人雪莱曾以哲学的人格化身阿波罗之口表达过此类思想，哲学是最完美彻底的知识：

> 我是宇宙万象的眼睛——
> 目睹自身，明白自己的神圣。

黑格尔的这些观点隐含了一个不同于许多哲学家的历史观。通常的历史观只是历史事件的简单堆砌，其中的不少事件从道德角度看根本不应该发生，或者与历史大势背道而驰。在黑格尔看来这正是心灵或精神的展开方式，我们可以在历史中发现活动着的辩证法：揭示历史潮流的偏狭之处，驱使人们反对该潮流，与反对者起冲突，然而给出使双方满意的和解方案。历史这部大戏绝不是供后人来消磨时光的，心灵只有通过反思才能发现并借鉴历史的深刻意义。

就像培根盛赞自然科学的哲学价值之后，人们受到鼓舞而投身于自然科学事业，黑格尔对历史的哲学价值的高度评价，也促进了历史研究中的进步主义思潮之涌动——这是19世纪的光荣成就之一。和培根一样，黑格尔也只是对已经风起云涌的运动加了一把推力。法国大革命中兴起对过去的抛弃与鄙夷，此时出现反对的声音。在全国武装推行一套基于人权的政治制度，其中对旧制度的暴力摧毁，对民族传统的无视，都一览无遗，这激起了对旧制度和传统的怀乡症。于是在法国大革命的狂热过后，有一段时期出现了守旧派的抬头（虽然此"旧"与原来的"旧"略有差异）。在哲学领域里，康德动摇了对理性的信心之后，黑格尔力图再度建立这一信心，与此同时康德给哲学注入的新生命带来颇多助益，使黑格尔哲学绝对不是康德之前哲学的简单翻版。

于是，黑格尔成为了守旧回潮时代的哲学鼓吹者。毫无疑问的是黑格尔教会我们重要一课：当个体心灵第一次开始思考时，发现自己是有着深远传统的社会的一分子，社会传统是更广阔经验、更深刻知识的结晶，任何个人都不可能贪此天功为己有。实际上，每个个体都是传统的受益者。只有传统中有益的部分被彻底借鉴之后，对传统的批评才可能奏效。黑格尔哲学对现状如此保有敬意，对不负责任的批评如此严厉，对从长期看正确者之必胜如此确信，由此轻易得出当下的大权在握者便是正确者的结论，也难怪政府当局会出于自身利益而对黑格尔哲学极尽利用之能事。更不应惊讶是在19世纪的最后二十五年，随着新的一代对收割1848年反革命运动果实的普鲁士政府越来越不满，拥戴普鲁士政府的黑格尔哲学也变得名声扫地。

叔本华与尼采

黑格尔哲学告诉我们，真诚而不辞辛劳地去理解世界一定会得到确信世界最终的合理性和美好再无疑义之回报。不过，即便在黑格尔哲学如日中天之时，在德国国内就已出现了反对它的声音。叔本华（Arthur Schopenhauer, 1788—1860）得出了相反的结论：所有的存在根本上都是恶的，而我们辛辛苦苦去理解世界就是为了获得这一真相，以免再成为"生存意志"的傀儡。

　　叔本华的悲观主义哲学也可以回溯到康德。康德将意志置于知识之上，并教导说意志的自由永远不可能成为知识的对象，并且将时空与物自体剥离，认为它们只是我们感知物自体的方式。另外，康德也在目睹了人性各种事实之后，接受基督教神学传统的看法：原罪扎根于人的意志，这是一种恶的禀赋，无法从个人生命的任何事件中找到根源。我们可以看到，在叔本华哲学中，康德的这些观点都得到了强调。意志是唯一的实存。只不过是为服务于意志的满足、人的认知官能才得以产生。既然时空并非物自体的特质，只是知觉的形式，那它们也非意志的特质。而既然只有通过时空，我们才能将事物区别开来，那所有这些区别就都仅是幻觉，所有存在物的真正实存是一样的，即一种极端邪恶的意志——

第十章 康德之后

生存意志或欲望。

在叔本华看来，要摆脱这一永不餍足的渴求，办法只有一个，即求不复存在之欲望，走上这条新路之后，能避免意志从空无中回归到生命，在生命中寻找永不可能得到的快乐。因为在所有的生命里，痛苦都多于欢乐。理性是意志在追逐生存之快乐的徒劳旅程中当做工具被带到世界上来的，但经由理性，意志终于走上了这条自我放弃并最终自我救赎的正途。因为理性发现了满足欲望的各种方法之后，仍不停歇，它继而发现为何这些欲望如此无限且无法彻底满足，于是只有在放弃追逐之后，才能真正得到救赎。抵达了结论"天地间形形色色的生命不过是同一意志的无尽繁殖"之后，个人明觉自己的个体性不过是幻觉，便不再执念于一己之快乐。艺术将生命之挣扎转化为沉思的对象，人们在艺术中可以不参与甚至无欲于参与生活，只是旁观而已。最后在宗教里（叔本华认为宗教与人格神无关），存在的虚伪性被彻底看穿，对现象事物的所有爱恋都烟消云散，圣人在完美的沉静之中，就像佛陀形象所示（在叔本华的书桌上，只放有一尊释迦牟尼的塑像和一幅康德的画像），等待着空无的到来，渴求化身为生命的意志再也不会将他分割。

这里提到佛陀，让我们不禁想起，将生命视为一种终极之恶而致力于遁世绝欲其实更接近东方思想。实际上叔本华受印度哲学（奥义书）德译本的影响极大。虽从康德那里受益匪浅，不过叔本华认为道德生活的本质不在于履行对他人的义务（他人亦有对我之相应义务），而在于对同伴所遭受痛苦之同情。动物虽然对我们毫无义务，但在受苦方面却不逊于人类，因此也值得同情。在这方面，叔本华也更接近于印度传统，而非欧洲道德哲学。

1848—1852年期间，欧洲憧憬着自由和和平之新时代，然而期望越高，失望注定越大。战争一场接着一场，战火在欧洲蔓延。工商业的飞速发展似乎并没有给全社会带来什么福祉与和睦，反倒在大城市造成了诸多惨象，国际市场竞争的刀光剑影。叔本华的悲观主义原本并无多少拥趸，但在愁云笼罩的时代到来之后，逐渐得到世人青睐。黑格尔等人号称解开了全宇宙秘密的哲学体系，自然科学虽然在19世纪上半叶取得巨大进展，二者都未能解决诗人丁尼生所称的"痛苦地球的谜团"，年轻一代的进步信仰逐渐动摇，也使得叔

第十章 康德之后

本华的抑知识扬意志愈发受欢迎。

对意志的强调,这一叔本华哲学的积极方面,在尼采（Friedrich Wilhelm Nietzsche, 1844—1900）手中得到了发扬光大。在一定程度上,可以说尼采将叔本华哲学中的魔鬼（生存意志）转化为他的上帝。尼采不像叔本华那样鼓吹自我弃绝以逃离意志,相反他热情地把意志称为"权力意志"。在尼采眼中,叔本华和佛教、基督教一样宣扬友善、怜悯和顺从,这些所谓美德只适合于奴隶,尼采肯定的是一种强力自我肯定的道德,帮助自我在残酷的生存斗争中克敌制胜。这将产生一种更高级的人——"超人",超人具有不同于传统道德的一种全新道德,是最能体现生命意志的人,具有最旺盛的创造力,是生活的强者。只有经过"生存斗争"才能发展出更强有力的新生命。

《进化论》的冲击

尼采是从达尔文进化论学到这个观点的。1859年,达尔文（1809—1882）解释了有机生物是如何——用《物种起源》

完整书名——"借助自然选择，或者在生存斗争中保存优良族"的。

用物理学原则很难解释生命现象，康德在《判断力批判》中对这一难题有过强调。自然科学研究者的注意力在17世纪都集中于物理学领域，而到了18世纪逐渐转向生命过程。研究兴趣的这一转向使发展概念浮出水面。与其他物体相比，生命体的最大特征便是生长与繁衍。从种子或蛋长成植物或动物，虽然原子或分子在每个时间点都不停地合并和分裂，但自始至终都趋向亲代形式之繁衍，除非用目的论或设计论否则很难形容这种繁衍过程。生命体的历程是连续的，并无突然的断裂，不同阶段的生命体有时候外形相差特别大，然而我们仍将不同阶段的该生命体视为同一。另外，子代与亲代之间的变化是很有限的。有时候两种生物看起来很相近，但却不好判断二者属同一物种还是不同物种。园艺师和动物育种师的经验充分显示，通过改变生活条件和人工选择，同一物种的后代往往在外形和习惯上出现特别大的差异。再加上不少生物体的幼年形态很相似等事实，这都指向一个结论：不同物种间的界限也许并不是不可逾越的，形形色色的

第十章 康德之后

动植物也许都起源于某些古代祖先,甚至同一祖先,惜乎实际证据阙如。《圣经》上的创世时间太短,而传统的影响力又如此之顽固:为欧洲科学语言铸形的亚里士多德哲学设定了一系列永恒不变的物种,《圣经》上说万物是上帝一次性创造出来的,"亚当给他们起了什么名字,它们就叫什么名字"。所以谁敢提出这样的生命演化假设,实属冒天下之大不韪。但地理学家研究表明地球年龄远超圣经的记载,达尔文暗示,正如鸽子育种者和园艺师通过人工选择育种成功从同一祖代培育出差别非常大的后代,大千世界中的各色物种也许是大自然在相同的作用下产生的。

早在达尔文发表《物种起源》之前,生物学的取径就已经启发了哲学研究。黑格尔哲学可以说是一种发展哲学或演化哲学,它认为,只有对一系列连续表象——它们比先在表象更复杂,但已将后者囊括在内,正如复杂生物体演化自简单的微生物——进行一番彻底的审视之后,才能发现实在(或称绝对)的完整性质。虽然黑格尔不成熟地以为自己的知识储备足以完成他的目标,但他起码指出了经验对象不能被视为彼此隔绝,要把握任何事物的性质,理解它不是什么，远胜于理解它是什么。就像处理偶数时离不开奇数，处理曲线时离不开直线一样，两个事物看似风马牛不相及，但这并不意味着在处理二者时可以将它们任意割裂开。

英国经验主义

直到达尔文的进化论横空出世，这种思想才成为全社会的共识，特别是在达尔文的故乡英国，很长时间以来，德国思想在英国的影响微乎其微，因为18世纪和19世纪初，英国思想界主流已经与大陆哲学分道而行。从牛顿和洛克时代以来，英国就始终保持与自然科学走得很近的哲学传统，并接受如下观点：我们关于外部世界的知识全部来源于感知。若承认知识中有其他因素存在，会被怀疑为在观察和实验之外给培根致力于摒除的偏见——"心智的预判"留下了空间。对国民哲学家培根的忠实几乎被英国人视为一种荣耀。培根教导我们，绝不应该命令自然，只能谦卑地服从她。对于在这一传统中成长起来的英国人，康德及其追随者关于在每个门类的知识中心灵都进行了独立活动的观点实在

第十章 康德之后

显得另类陌生。

因此,虽然18世纪末19世纪初德国哲学曾西渡英国,特别是得到诗人柯勒律治(Samuel Taylor Coleridge, 1772—1834)和哲学家托马斯·卡莱尔(Thomas Carlyle, 1795—1881)的大力推广,但并没有在知识阶层掀起波澜。很久以后,它才在相当程度上影响了几位英国哲学的代表人物,他们的主要工作在于跟随培根的启示,将外部自然研究中如鱼得水的观察与实验方法运用到心灵研究中。他们将心灵当做是由观念构成的,就如同物理学家或化学家将物体当做是由原子或分子构成来处理,并致力于确定这些观念的结合或联系之法则。我们的心理生活中所发生的不同过程有赖于这些法则。在一般对话中,"观念的联系"通常用来解释缺乏合乎逻辑的理由的事情,不过在这些思想家的理论中,"合乎逻辑的联系"(rational connexion)本身是"观念的联系"的一种,不过是被观察到经常发生而已。我们可以看到休谟就已经将因果关系看作是重复出现的"观念的联系"。此种哲学的原则在于认定彼此孤绝的感知是知识最终的构成要素,因此关于心灵的其他任何解释都是不可能的。

这些"经验主义心理学家"中最著名者包括休谟的同时代人大卫·哈特莱（David Hartley，1705—1757），下一代的历史学家詹姆斯·穆勒（1773—1836）和其子约翰·斯图亚特·穆勒（John Stuart Mill，1806—1873），还有苏格兰阿伯丁大学教授亚历山大·贝恩（Alexander Bain, 1818—1903）。在哈特莱和老穆勒之间，有两位苏格兰教授——上文提到的里德和他的学生杜格尔德·斯图尔特（Dugald Stewart, 1753—1828）投身于心灵活动的研究，从未质疑过为了观察而把心灵活动像物理过程一样割裂开来是否可能，同时不否认心灵拥有它自己的原则（独立于它从感知中的获取之物），也未设定此种"观念的联系"是理解心理过程的唯一线索。这些哲学家正是哲学中苏格兰学派的奠基者，而上文提到过的威廉·汉密尔顿是其中的佼佼者。

苏格兰学派的最大特征是对人类常识的可信度和直觉确证有着充分的信心，而这种信心又使他们成为怀疑主义的敌人，无论是关于独立于我们感知的实在的存在与否，还是关于我们的行为中与心理愉悦和实际功用无关的道德是否存在。

第十章 康德之后

知识的来源除了感知之外别无他物，这样的立场很自然会让一些人将道德视为只是快乐与痛苦的不同组合而已。这便是所谓的功利主义，最著名的代表者为边沁（Jeremy lientham，1747—1832）和约翰·斯图亚特·穆勒。该学说认为好的行为是要能促进最大多数人的最大幸福（greatest happiness），因此受到潜心于公共服务者的欢迎。实际上，功利主义颇有成效地促进了英国的法律和社会改革。但是，功利主义的理论基础不足以支撑它的"上层建筑"。"最大幸福"被定义为最大的快乐感和最少的痛苦感，"最大多数人的"幸福被设定为幸福感的最大值，即便个体丝毫不觉得。功利主义学说的基础（"对于人而言，除了他自己的快乐，别无他求"），通过"人人为我，我为人人"法则，而与追求其他人的快乐并行不悖。"人人为我，我为人人"法则更让人接受一种有异于追求自身快乐的欲望。"心灵的联系"被用来解释"为了爱本身而爱"这一美德，但学到"美德是得到快乐的最佳工具"的人会在工具中迷失而忘记了目的，就像财迷眼里只剩下钱，而忘记了钱的功用。

约翰·斯图亚特·穆勒发展了功利主义，提出在快乐的数量之外，还要考虑快乐的质量，穆勒此说为行动中除自身快乐之外尚存其他目标开通了绿灯，使功利主义的理论基础大为延展。但自始至终，对于任何理论宣扬在道德行为中存在着与快乐感之产生无关的直觉式感知，功利主义的捍卫者都表示坚决反对，就像他们反对直觉式知识的存在，此种知识确信存在着超越当下或过去感知的事物。

　　但正确和乖谬如何证明，以及来自个体经验的逻辑或数学公理（某些行为产生快乐的恒常性，或测量、列举之结果的恒常性）如何确证为真，这些都是功利主义所面临的一大困难。达尔文的《物种起源》其实提供了一种解决方案，这便是遗传，将时间倒拨无数个年代，把人类之谱系回溯至人类在地球上出现之前的生命体。

　　该解决方案实际上是由赫伯特·斯宾塞提出的，即个人的直觉式确证在持"重复出现的感知是知识的唯一来源"观点的人看来很难成立，但它也许是来自于远古祖先类似感知的遗传。斯宾塞的承诺表面上为两大看似无法调和、相互对立的知识观和道德观提供了一个调和之承诺，但只是蜻蜓点水式的调和，绝非真正的调和。如果你不满意于知识和道德意识起源自重复发生的感知,你会发现这个难题只是被原封不动扔回来了,你的论点(某陈述是否绝对普遍有效,经验不可能对此做出确证)依旧屹立于原地。

唯心论

经验主义和功利主义的更严厉挑战来自康德和黑格尔的追随者,如牛津大学巴利奥尔学院的托马斯·希尔·格林(Thomas Hill Green,1836-1882)。在他们看来,休谟以后的英国哲学已经误入歧途,没有意识到休谟的怀疑主义已表明无论对知识还是对道德的研究,沿着感觉主义(sensationalism)的路子是不可能再有任何进展的。经验主义学派往往举隅自然科学来作为支持己方观点的同盟军,但二者本非"同路人",因为自然科学的基本预设是对象虽然可以被感知,却无法被简化为感觉的组合。

同样,经验主义的预设——作为个体目标的公共利益或幸福可以从本质上极短暂的感觉之集合来解释,也被证明是不合理的。在转瞬即逝的感觉之上,必然要设定一个恒常的自我或心灵来经验这些感觉，当感觉逝去之后，可对它们进行回忆、思考，使感觉不再像时间中的瞬间一样方生方灭，而是成为我们经验中共同存在的各个部分。这不等于说存在着恒常的自我这类独立存在的对象。他们赞同贝克莱的观点"外部世界仅仅是作为心灵的对象而存在的"，不过这里的心灵不是仅能感知此时此地之事物的心灵，而必须是能够知道普遍而永真的事物的心灵。

前句表述中的心灵颇有歧义，既可看做是指涉个体心灵——它处理的是自己前后相继的经验，而非任何其他个体的经验，也似乎指涉在每个个体中思考着的普遍心灵，所有人的经验为它构成了一个真实的世界。普遍心灵和个体心灵，托马斯·希尔·格林有时也分别称它们为上帝及其"繁衍物"，二者的关系如何呢？有评论家批评道，在这种哲学中，无论上帝的个体性还是人的个体性都未能得到公允对待。

而对被批评者而言，该评价有点言不及义，因为这里的个体自我是黑格尔式的。与其他个体自我截然区分的个体自我，此概念像所有其他概念一样，需要对立思想的补充，只

第十章 康德之后

有在与其他自我的相互关系中,自我才能拥有属于自己的特性,然后导向更高一级的概念:所有这些相互关联的自我都是一个普遍心灵或意识(可以称作为"神")的不可胜数的组成部分,遍行周流于所有个体自我。但是,在旁人眼中,普遍自我概念似乎仅是对特殊的抽象,就像作为普遍概念的手或眼一样。

他们没有想到,心灵在追寻知识时,总是努力去掉个体特殊性,把握真理本身,因此坚称,哲学需要考虑的只有"各自为政"的个体心灵,但他们与他们所批评的一方的共同点在于"唯心主义",即独立于任何心灵的客体是不存在的。这种观点被称为"个人唯心论"(personal idealism)。

"实用主义"(pragmatism)将突出个体心灵独立性的哲学趋势进一步深化,宣称检验真理的唯一标准只在于它在多大程度上服务于人类的利益和目的。实用主义由美国杰出心理学家、哲学家威廉·詹姆斯(William James,1842—1910)在20世纪初提出。

曾几何时,康德在思辨理性和实践理性之间所做的鲜明区分催生了存在判断和价值判断的二分。与自然科学或历史研究之结论不符的宗教教义，就如关于对象之美丑的陈述一样，都被归类于价值判断。价值判断是关于好坏的判断，而非关于某物存在与否的判断。实用主义可以说是将所有判断一概处理为"价值判断"，没有给与价值无涉的存在判断留下任何空间。

唯实论

无怪乎"唯心主义"的此一极端发展会招致一场哲学运动，批判所有唯心主义，重申独立于我们感觉或知识的客体存在之事实。这个观点经常被称作唯实论（realism），以与唯心论相对峙。当然这里的唯实论，与中世纪哲学中被用来反对唯名论（nominalism）的唯实论，意义完全不同。

康德是反对自己的哲学被称作唯心论的，并强调必须承认，在被感知的现象之外，存在着我们无法感知的物自体——对此我们不可能有任何实证知识（positive knowledge）。康德时代之后，也从未缺过哲学家。在柯尼斯堡大学接任康德哲学教席的哲学家、心理学家约翰·弗里德

第十章 康德之后

里希·赫尔巴特（Johann Friedrich Herbart, 1776—1841）反对甚嚣尘上的唯心论，称外部世界并非心灵的特质，而是客观存在的，虽然对于外部世界究竟是什么这个问题也许有不同答案。康德的影响力是如此无远弗届，因此如下观点：时空属于事物本身而非仅仅来自我们的感知，虽然自然科学和常识都引以为不刊之论，但在哲学领域竟没有几个全心全意的捍卫者。否认空间之主观性者，往往承认时间之主观性。其中值得一提的有在英语世界影响甚巨的洛采（Hermann Lotze, 1817—1881）。还有赫伯特·斯宾塞，他声称自己是唯实论者。虽然斯宾塞通常公认是一名唯实论者，但他的唯实论其实混合了休谟的思想——真实事物和想象事物的不同可以化约为生动和不生动之分。在《第一原则》一书中，他采取的立场是认为终极实在不可知，现象本身可知。

虽然唯物论（物质是唯一的存在）与唯心论针尖对麦芒，但我们必须牢记唯实论却并非等同于唯物论，唯实论认为在真实世界中，既存在着物体，也存在着心灵，物体位于空间中并随时间变化着，心灵不在空间中，并非完全处于时间中，但能够从前后相续的状态中辨别自身，也能领悟不受时间流逝之影响的真理。

旧问题，新解答

尽管不同的时期和地区受影响的程度不尽一致，但可以说发展或进化概念支配了整个19世纪的思想。也无怪乎打包票进化概念可统摄从原子到社会的所有复杂现象的斯宾塞"综合哲学"会流行开来。斯宾塞的普遍进化论将进化论广泛运用到生命、精神、社会和伦理等一切现象上，从而构建了一个囊括所有科学知识的综合哲学体系。他认为万事万物从简单到复杂的持续进化过程，其基本规律在于"力的恒存性"，进化的每一步都伴随着复杂性的提高，但同时也越来越相互关联，"进化是物质的集合与伴随而来的运动的分散，在这一过程中物质从模糊、松散的同质状态，过渡到确定、连贯的异质状态"。

虽然斯宾塞的宏大计划很难说完成了，他的哲学论证中也有太多含混与漏洞，对相关的最重要哲学问题束手无策，但不可否认的是，在英语世界中捧红"进化"概念的正是斯

第十章 康德之后

宾塞,而非其他思想家。斯宾塞过于轻易地将进化概念从生命世界引入非生命世界,但至少进化在生命世界中的重要性是再怎么强调也不为过的。

18世纪倾向于将社会视为一部契约,忽略了它与其他契约的不同:社会并非是人类精心设计而成的,也不可能在订立契约各方的同意下而撤销,19世纪把社会看成一个生命体,但经常忘记社会虽朝某个方向逐渐变迁(该方向不是出自任何人的设计),它的存续则无时无刻都有赖于法律,有赖于社会成员对彼此关系的认知,从这一角度看,社会极类似于一部契约。

从生命世界借用过来的进化观念,要求对于"生命意味着什么"有更清晰的概念界定,而目前我们所获得的答案还是远远不够的。哲学总是关心定义一物有别于他物的特质,那么有一大问题摆在哲学面前:生命、机械作用、智性,三者的关系为何?在生命中,似乎有机械作用无法解释的东西,正如康德所说,我们很自然地用朝向某目标的智性来解释生命。但是这一智性在什么地方,究竟是在生命体之中还是之外,如果是在生命体之中(这是当下比较可接受的看法），按理说智性向来是有目的的，那么它是如何在自己不知情的条件下降临的？

当代发展迅猛的心理学强调了我们生命中虽与意识相始终，但似乎并未意识到自身的那些过程之存在与重要性。不过在一些大的哲学问题真正澄清之前，心理学这门学科还有很长的路要走。非常清楚的是，对生命本质的讨论，是将关于"存在""个体性""一与多"等旧问题以新的形式呈现给哲学去回答。即便在一些哲学家看来，哲学似乎也谈不上多少进展，它总是在解决同样的旧问题，就像《新约·提摩太后书》上说的"永远在学习，终久不能明白真道"。

但这个观点并不全对。哲学不像科学那样经由积累各学科的新事实而不断进步。但是，科学的进步同时也是哲学的进步。旧问题久久萦绕，是因为世界还是保持原来的结构。每一代人，都很容易忘记自己之所从来，哲学家登高望远，可以站在更高的水平线上看到前人旧视角是如何与其他地方联系在一起，而在之前较低的水平线上是看不到这些的。我们也许可以将此隐喻再推进，随着哲学家站得越来越高，一度清晰的细节也会在视野中遗失。于是，或可将哲

学史研究比之于弥补视力的望远镜,哲学家对伟大哲学家的伟大作品温故而知新,使自身能无愧于柏拉图对理想哲学家的描述:

对一切时代和一切存在进行沉思的人。